MAX GUNTHER

玄學華爾街

投資圈的不敗神話，是倖存者偏差，還是未被拆穿的騙局？

WALL STREET AND WITCHCRAFT

★ An investigation into extreme and unusual investment techniques ★

馬克思・岡瑟——著
邱恆安——譯

目次

I

那個永遠不會錯的人

The Man Who was Never Wrong

小不點告訴我，要在市中心德爾莫尼科餐廳（Delmonico's）[1]的吧檯碰面。費了好一番功夫才找到他，我可不想錯過，在這樣的急切之下，我提前了近半小時抵達華爾街車站。我爬上階梯走出站外，發現今晚風雨交加，但對這時節的紐約來說，算得上是溫暖的一夜了。當天是一九七〇年二月二日，星期一，晚間七點三十五分。

不論在什麼情況下，夜晚的華爾街一帶本就是個有點詭異的地方，而我今晚的任務，讓這一切看來更加不尋常。狹窄蜿蜒、整個白天萬頭攢動的街道，而今幾乎成為空城。咖啡店裡，只有少少幾名祕書、加班的經理和夜班的電腦助理坐在那兒，吃著他們的寂寞晚餐或早餐，愁眉苦臉地凝視著外頭的雨。整個街區彷彿一臺自己關了機的巨大機器，但我知道，這只是一種錯覺。華爾街仍在努力工作，以其特有的夜間模式，默默地、悄悄地、不帶感情地消化著當天的股票、債券及銀行交易的成果。在我周圍那隱蔽的地下室裡，大批的電腦徹夜不休，耐心地輸出著一哩又一哩的報表紙，上頭整整齊齊記錄著那些發財夢的誕生與死亡。

眾所周知，華爾街是夢想之街。它由鋼筋水泥打造，但裡頭的主要材料還是夢想這類填充物。沒有鋼筋水泥，華爾街一樣能夠存在，事實也是如此，紐約證券交易所的創始人們就曾在一棵樹下開會[2]。但是，沒有夢想，華爾街就不可能存在。在白天，這些夢想沒有太多明顯的痕跡，人行道、建築大廳和交易所場內擠滿了男男女女，在那悠悠閒晃、喝著咖啡、遞著紙片。這條街，白天裡就是個喧囂、迴旋的漩渦。但到了夜晚，當那天將發生的一切都已發生，當電腦準備好開始執行記錄、統計和結帳的任務時，那百萬夢想的幽靈似乎就出現了，沿著寂靜的街道漂流而出。

我沿著百老街（Broad Street）[3]出發。在美林證券的櫥窗上，顯示著當天紐約證券交易所的成交量為一千三百四十四萬股。道瓊指數漲了二．三八點[4]。對股東來說是美好的一天，對賣空的人來說則並不理想。無論如何，這都不算什麼太特別的事，但與近期的歷史相比，則是個有趣的變化。此前道瓊指數已連續六天穩步快速下跌，自一九六九年春以來（或自一九六八年來，這取決於你如何判斷熊市的開頭）的熊市悲觀地延續著[5]。

1　譯註：位於紐約曼哈頓比弗街五十六號，其創始之初被視為美國第一家高級餐廳。
2　譯註：紐約證券交易所最早的起源，即是當時的證券經紀人，於華爾街上一顆梧桐樹下簽署的《梧桐樹協議》。
3　譯註：紐約曼哈頓市區的一條南北向街道，其北端即是華爾街，紐約證券交易所也位於這條街上。
4　譯註：一九七〇年二月初，道瓊指數尚在七百七十七點左右。截至二〇二四年十月，道瓊指數已突破四萬三千點，單日成交量可達兩億三千七百八十萬股。
5　譯註：本書首次出版於一九七一年。

我站在那裡望著櫥窗上的字。有個東西讓我微微一顫，也許是順著我脖子滑下的雨水。上週五，小不點在電話裡說：「下禮拜，市場將會上漲。有人可以賺點快錢……」當時我禮貌性地含混過去。我那時就想：好喔，廢話，每個禮拜市場要嘛漲要嘛跌。這個老騙子總有百分之五十的機率是對的。

我找了個地方喝杯咖啡消磨時間，而後沿著比弗街（Beaver Street）走到了德爾莫尼科。小不點站在吧檯旁等著我。我與他素未謀面，不過一位股票經紀商的客戶經理曾跟我形容過他：一個矮小、瘦弱、白髮的老人。我也曾透過電話，向老人描述過自己。我們向彼此打了招呼，握了握手。

「就有點像地精，」客戶經理是這麼形容他的，但這描述不大準確。我童年裡所知道的所有《格林童話》地精，都矮矮胖胖、鬼祟地駝著背且智力有限。隨便一個普通的童話公主，都可以用計將之擊敗。然而我眼前這位老紳士，挺直著矮小瘦削的身軀，如同一根電線桿，彷彿這輩子不曾被人成功智取。他有個細長如鳥喙的鼻子，深棕色的眼睛像孩童般清澈明亮，與他滿是皺紋、蠟黃、長有老人斑的臉格格不入。

在一次聚會中，我偶然遇到那位客戶經理，並在那時首次聽說了小不點的事。當時我們正討論股市上各種猜對、猜錯的情況，這位經理於是想起了一些正確率遠超尋常的客戶。每家經紀公司都有這樣的客戶，他們似乎有著不可思議的運氣，或者其他未知、令人惱怒的特質，總能在市場崩盤前拋售，或者無緣無故買進一些宛如死水的股票，而後在股價猛然翻倍時表現得一切全在意料之中。這些人的故事在個別經紀公司中流傳著，直到實情逐漸淪為傳說，故事中的英雄呈現出難以置信、如神明般的絕對正確性。當客戶經理開始談論那個從未猜錯的白髮小個子時，我起初推斷，這當中真假參半。聽著聽著，我愈發有興趣，最後，我認為這故事值得一探究竟，就算只是為了其中的幽默片段。

這是個引人入勝的故事。大約十五年前，小不點帶著約三千美元現身經紀行，這幾乎是他的所有財產，是他一輩子從事水電材料生意的最終成果。他的太太已經過世，孩子也都長大成人、離開身邊，他孤身一人。他一直想嘗試炒股，但考慮到家裡的房租與食材費，始終不曾付諸行動。如今除了自身，他已了無牽掛，終於打算放手一搏。他解釋道，他相信自己天生有某種超感官知覺（Extrasensory perception，簡稱 ESP），總是能知道市場會發生什麼事。不是靠猜，而是確實知道。

這是他對第一個做他生意的客戶經理說的。那位客戶經理也是業界老手，以前就常聽過這樣的故事。所有進入市場的新人，無論其投入程度是賭身家、下重本還是小試身手，他們都相信、或至少希望自己擁有他人所沒有的獨特洞察力或聰明才智。每個人都認為自己有某種贏家特質，不論他們將其定義為ＥＳＰ或某種新的交易系統，又或者單純是老派的敏銳金融嗅覺。不論是誰，貪婪最終讓他們之中的大多數人沉淪了——瘋狂夢想著迅速把自己的本金翻上三倍，但即使市況良好，他們卻連百分之二十的獲利都始終沒能拿下。於是那客戶經理聽完老人的故事後不以為意，經紀商靠人們買賣股票為生，老頭這麼想付傭金，那也是他的選擇。

老人賭上全副身家，而且贏了。

事實證明，他的所有猜測幾乎都出奇正確。他在市場蕭條時買入，高峰時賣出。有了更多經驗後，表現還更出色。他開始在高點做空，從而在市場下跌時也能跟上漲時一樣賺錢。一九五八年，他以二十五美元的價格買進內陸鋼鐵（Inland Steel），隔年以五十三美元的價格賣出。一九六二年，他以九美元的價格買進金尼全國公司（Kinney National），並於一九六三年以二十二美元的價位賣出，且進一步賣空，開開心心享受股價回落，又於一九六四年，在十五美元的價位回補。當他的首位客戶經理退休，由新人（也就是後來我在聚會上碰到的那位）接手時，這個老人的成功已翻上幾番。他把美國航空（American Airlines）變成他個人的雲霄飛車，在整個一九六〇年代，隨著股價在二十美元到四十美元之間上沖下洗。他在六十美元的價位做空海灣西方工業（Gulf & Western），一路到一九六九年二十五美元的價位獲利了結。他的戰績堪稱不敗，也幾乎實現了華爾街上那普遍而荒謬的野心——年年本金翻倍。他的經紀商帳戶已經成長至約八十萬美元。

那位客戶經理沒告訴我他這位稀奇客戶的名諱，這當然是對的。經紀商和醫師一樣，不應該在公開場合談論他們所知曉的客戶隱私。我最終說服了這位經理，替我將信件轉交給老人。我在信裡說明，我是一名記者，雖然不相信ESP的存在，但對於將ESP作為一種市場工具這點很感興趣，想請教一些問題。老紳士很快就給出答覆。他名叫T．O．杜利（T.O. Tulley），住在曼哈頓東城的一家樸素旅館。正如我所希望的，他很滿意自己的成功，並樂意與他人分享。

「我幾乎每天都會到華爾街上，」當我們站在餐廳吧檯時，他如此說道。「我就四處遊走並去感覺那種，嗯，靈氣（aura），我想你會這麼稱呼它。我知道你會問這個靈氣到底是什麼，但很抱歉，我也不知道。不過，對此我有個理論，你想聽聽看嗎？」

「是的，先生，我想知道。」

「很好。那我們是否先坐下來？」

我們在桌旁落座，老紳士點的是起瓦士兌水，他若有所思地抿了一口。「我的理論是這樣的，」他說，「我在這裡得到了某種集體心靈感應。你知道，所有明天市場上會發生的事，其實現在就已經在人們的腦海裡決定好了。到這裡你有聽懂嗎？我的意思是，如果有人會在明天買進一千股的霍尼韋爾（Honeywell），那麼這個想法，在今夜、在我們坐在這裡的當下，就已經在他的腦海裡環繞。而另外一個人可能正坐著思考，如果霍尼韋爾漲了或怎麼樣的話，就要在這週稍晚賣出。你知道，市場某種程度上是被人們的心理驅動著。每天從行情紙帶上跑出的數字，都是人們前一天、前一週乃至前一個月的思考成果。因此，如果你有某種方法可以知道人們在想什麼、可以去判斷這數以百萬計的想法總結出來的成果，那你大致就能知道行情紙帶上會出現什麼數字。」

我不知道我面前的這人，究竟是天才還是個瘋子。整場採訪都讓我有種不真實的感覺。

我人真的在世俗的老紐約嗎？今年真的是一九七〇年嗎？德爾莫尼科的暗紅燈光與華麗的維多利亞裝飾風格，也沒能幫我定位自己。我彷彿來到一個詭譎又陌生的地方，遠離了家鄉，遠離了一切我所熟悉的事物。

「我的大腦似乎是訊號接收站，接收所有這數以百萬計的想法。」杜利繼續說道。「我可以判斷市場的樂觀情緒何時高漲、何時衰弱。當然不是每一次，你也知道，但足夠多次了。」他意味深長地看向他的酒杯，點了點頭，彷彿也同意自己所說的。「是足夠了。」

我問他是什麼時候首次意識到這種奇怪的能力。他回答，從他還是學生的時候。「當我看到某人靠近我，在對方開口之前，我就已經知道他要說些什麼。又或者，例如我參加算術測驗，在我算出答案後，不知何故我突然就曉得這答案算錯了。它能感知到錯誤，你知道嗎？此時我就會把題目重新演算一遍，然後發現，我第一次算出的答案真的是錯的。不過我總是很猶豫，是否要告訴別人這一切。因為我害怕自己被當成瘋子，你知道的。」他突然用明亮的棕色雙眼直盯著我，「你認為我瘋了嗎？年輕人。」

「當然沒有，先生。」我說，那說的速度之快，連我都不知道自己是不是在說謊。

他咯咯笑了起來。「順帶一提，」他說，「現在看來，我上週五說這週市場將會上漲是錯的。其實也不是錯，只是並非全然正確。今晚我感覺到許多被壓抑的樂觀情緒，但這感覺不夠深刻。我的意思是，這麼說吧，這足以創造出一次驚人的買壓，但其燃料會旋即耗盡。」

「一次驚人的買壓？」

「是的，等著看吧。明天我們將迎接許久以來最大的一次股價漲幅。道瓊指數將至少上漲五點，也許十點。但這週之後的剩餘時間，就只是載浮載沉了。等著瞧吧。」

我們喝完了酒，一起走到華爾街與拿索街（Nassau Street）的路口。杜利鑽進了一輛等在那裡的豪華轎車。我看著它的紅色尾燈，反射在閃閃發亮的潮濕街道上，轉過一個街角後消失在夜色之中。

隔天，道瓊指數飆升十一．〇二點，並在這週剩下的時間裡，持續載浮載沉。

II

贏家、輸家及其原因

Winners and Losers and Why

讓人抓狂的東西

至少有個事實是不可否認的：有些人在股市上的表現，始終比其他人更好。為什麼呢？很顯然，有些人比其他人更聰明。有些人能取得其他人無法獲取的內部資訊。有些人可能擁有比別人更巧妙的交易系統。而其他人太謹慎，或者不夠謹慎。其他人太容易上當受騙，其他人太過貪心。種種實際的、理性的可能因素不勝枚舉，但當你把這些因素都提煉出來後會發現，還是有些東西沒被找到，某些「特別」的東西。

兩個有著同等智慧、經驗和金融嗅覺的人進到了市場，一個出來時抱著大筆財富，另一個出來時口袋卻空空如也。由於種種雙方都無法透過理性預測到的情況，某人的股票上漲，另一人的股票卻下跌。每個人的購買行為，在其買進當下，鑒於當時可取得的資訊，其他理性的人也都認為再合理不過。然而結果卻證明，某人的買進是對的，另一個人卻是錯的。

為什麼？這「特別」的東西到底是什麼？有些人稱之為機會或運氣，是冷漠命運盲目且隨機的一次發揮。按照這定義來說，像T．O．杜利這樣的人之所以總是獲利，單純是因為他很幸運。他就是統計學上幾乎不可能成真的極少數特例，偶然出現來混淆那些精算師的。

他贏的次數遠超機會法則賦予他的預期，而這些勝利毫無來由。這一切背後沒有什麼宏大的成功模式。老紳士本身既沒有獨特的技能或天賦，其上也沒有什麼不可見的力量或威能，能塑造出他的連勝。他的成功，單單只是件機率奇聞，是擲硬幣時連續十次都擲出人頭朝上的情況。大家都知道這類怪事偶爾會發生，但為此興奮激動則毫無必要。這樣的連勝無法被預測或掌控，也不是任何事物所能「造成」。

這是對老杜利故事的理性詮釋。還是有些其他的解釋，只是受限於沒有更準確的詞彙，在此我會稱之為「非理性」的詮釋。我稱之為「非理性」不一定代表貶義，我的意思只是，這些解釋涉及看不見、摸不著、無法被輕易測量的心靈或神祕現象。這些力量與威能，無法用每個人都滿意的方式來證明其存在。有的科學家認為這種現象可能存在，但泰半科學界是全然不信。這些現象超出了絕大多數冷靜觀察者所謂有形和理性的邊界，也因此被貼上了「非理性」的標籤。

T．O．杜利對自身故事的解釋是非理性的。他將之歸因於心靈感應。他認為也許自己知道其他人在想些什麼。其他人可能會提出其他非理性的解釋。有人會說杜利只是擁有預知的天賦。他們會說，杜利不一定真的能理解別人的想法，然而不知何故很神奇地是，他能知道未來將發生些什麼事。還有些人可能會談論到人們外部而非內部的控制因素。例如，他們可能會說他受到群星的指引，或者他身陷在某些無敵幸運數字組合的和諧振動中。

而我，完全不知該怎麼解釋。我只能抱著歉意、含糊地說，T．O．杜利的故事是真的。它經過核實，有正式的紀錄。杜利確實是那些始終獲勝的市場參與者之一。

通常我自認不喜歡任何非理性的解釋，包括杜利自己的說法。我會說這根本一派胡言。但當我審視了理性的說法後發現，我同樣不喜歡這種解釋。我自己也投身市場，且從很久以前就是個撲克玩家，對於機率這種事，有我自己的見解與體驗。我知道連勝遲早終結，沒有人能一直贏下去，沒人能做到。

但令人困惑的事實是，有些市場參與者確實未嘗敗績。我找到了他們並與他們交談，你將在本書中見到他們。你會聽到他們的非理性解釋。你很可能不願相信他們的說法，我也不相信。我認為他們都在騙我，直到他們證明情況並非如此。我讓他們所有人都出示文件證明以及其他證據，並透過與他們的經紀商交談來重複查核。我迫使他們其中一些人，做出我能親眼見證結果的預測。我將這些預測打出來、標上日期並經過公證，這樣事後就不會對預測內容產生爭論。而最終我不得不相信他們，因為別無選擇。

瘋狂的事實並未消失。華爾街上或周邊的一些人，確實透過非理性的方式接觸股市並取得勝利。

一場不容失誤的遊戲

也許我該在這裡暫停一下，來告訴你我是誰，以及我是怎麼走到這裡的。我們即將一起造訪一些遙遠陌生之地，就你我二人，所以你有權了解一些關於你導遊的事情。我是一名記者。我並非ESP的愛好者，也不曾涉獵神祕學。多年前我了解到，如果說謊可能讓他們得利，那他們通常就會對記者撒謊。隨著年齡增長，我也愈容易抱持懷疑態度。於是我成為這樣的記者，會避免報導像是約瑟夫・班克斯・瑞因（Joseph Banks Rhine）[6]及其在杜克大學的ESP研究。我會惱怒地拒絕閱讀像是艾德格・凱西（Edgar Cayce）[7]、珍妮・狄克遜（Jeane

6 譯註：美國植物學家，曾於杜克大學創立超心理學實驗室，以其對透視、心靈感應等超感官知覺的研究聞名，然其研究成果從未獲科學界成功驗證。

7 譯註：美國知名超能力者，以透視能力、轉世說及對亞特蘭提斯的理論聞名於世，對當時的新紀元運動有深遠影響。

Dixon）[8]這類所謂先知的作品（直到最近）。當人們試圖引起我對特異功能或神祕學的興趣時，我都會告訴他們，只要我願意，我也可以從事先知這一行。我需要做的，就是做出一百個預測，總有幾個事後會被證明是對的。可以想見，這純憑運氣。然後我會把我正確預測的部分寫成一本書，順便把那剩下九十多個錯誤預測拋諸腦後。

然而有天我突然意識到，在華爾街上，水晶球遊戲的規則可沒有這麼大的容錯空間。因為遊戲是在華爾街進行的，每個玩家都得用金錢來支持自身的預測。他至少要有百分之五十一的正確率，否則必敗無疑。當他不再待在這場遊戲中時，他當然可以自由地對自身預測的準確性說謊。（市場參與者們如同釣客，說謊是他們一個主要的遊戲類型。那些多頭和空頭每晚都聚在德爾莫尼科和馬車夫餐廳〔The Coachman〕，熱烈地從事這個遊戲。）不過，對於先知預測準確率的終極考驗，永遠都是那簡短、尖銳的問題：「他到底賺了多少？」如果他賺得很少甚至沒賺，如果他離開德爾莫尼科後是搭地鐵而非豪華轎車回家，你就能自信地得出結論：這人絕對稱不上什麼先知。他可以繼續扯謊，直到他不朽的靈魂轉黑；你也可以基於人情世故說著「喔」、「啊」之類的，親切點頭附和，但絲毫不必相信。

一九六〇年代末，在我從事記者這行十五年後、真正開始涉足市場時，這些想法就一直浮現在我腦海中。我開始對這些先知產生好奇，開始嘗試分析人們猜對與猜錯的原因。

市場上有各式各樣的理性公式，被設計來幫助人們正確預測。華爾街上每一家顧問服務，都有他們各自偏好的方法。比如「價值線」（Value Line）這類基本面的信徒，他們研究公司的獲利紀錄、新產品部門以及高階主管的士氣。有像是「線圖工藝」（Chartcraft）這樣的線圖專家，仔細鑽研峰谷、突破與頭肩型態。有像是「動態整合研究院」（Institute of Dynamic Synthesis）這樣的數據觀察家，他們試圖透過研究人們賣空的交易量，以及經紀商帳戶裡未使用的現金數量來預測市場。有的逐浪泳者認為你應該在經濟前景樂觀、每個人都歡天喜地時買進；有的逆向思考者則認為，你應該在其他人都抱持悲觀時進場。另外還有各種次要或附屬公式。有人主張應該要平均成本（定期定額），也有人認為這種方法毫無意義。有主張長期投資的人，也有主張短期持有的人。有些人主張投資應該要多元化，也有人主張要下重注在幾支熱門的股票上，各種論點層出不窮。

只是這些理性公式，看來頂多都是只對某些人、在某些時候有效。目前還沒有設計出

8 譯註：美國知名占星師、通靈者。曾在其一九七一年的著作《榮耀的呼喚》（*The Call to Glory*）中，預言二〇二〇年前後會發生一場災難性的「末日戰爭」。

完美的公式，這也是股市令人抓狂的地方。無論你多麼全心全意投入、多麼勞心勞力認真嚴謹去設計你的理性系統，你都不可能使它免於偶然性的影響。一九四〇年美國的《投資顧問法案》（*Investment Advisers Act of 1940*），就明文禁止這些顧問服務承諾其諮詢絕對正確，或有任何出眾程度的聰明精巧。事實上，法律要求他們用大字寫明：「不應假設未來提出的建議能帶來獲利……。」華爾街很清楚，美國證券交易委員會（Securities and Exchange Commission，簡稱SEC）也很清楚：市場主要還是一場機率遊戲。

任何理性的市場策略都不會保證成功。**只有非理性的方法，才會做出這樣的保證**。

但每個非理性方法，真的都能保證成功嗎？這就是我過去這幾年始終煩惱的問題。奇怪的是，憤世嫉俗的老SEC不僅沒有嘲笑我，有時還相當認真地看待我的這段探索。大眾對通靈和神祕學的興趣明顯日益濃厚（據說這是我們現在所處之寶瓶座時代的特徵），這也為SEC帶來了一些特別尷尬的問題。占星學家和一些其他的另類人士已經開始根據《投資顧問法案》申請註冊。SEC擔心，如果他們鄭重其事地幫這些茶葉占卜師完成繁瑣註冊程序，會看起來有點愚蠢。而另一方面，SEC又能基於什麼理由來拒絕他們呢？

「讓我們面對現實吧，」一位SEC官員告訴我，「許多標準型顧問在過去十年裡的成績都相當糟糕。許多另類預測者有著同樣的表現，甚至反而更好。不管是你還是我，誰敢說其中一個的方法是對的而另一個則是胡說八道？法律也沒規定你得使用什麼預測方法。它只說你必須誠實宣傳並避免做出承諾。」

於是乎我開始奔走，去訪談那些非理性方法的使用者。

感應型與儀式型

事實證明，華爾街上的非理性方法分為兩大類，儘管有些人希望我不要這麼稱呼，但在此我將他們分為「感應型」（feeler）與「儀式型」（formulator）。

「感應型」的就像T．O．杜利。人們可能會說那是種預感或直覺，但對他而言不僅是如此。他會感覺有事情要發生，而這種感覺強烈到他在運用它時，就好像其他人在運用理性得出的知識一般。他不透過特殊的方法或儀式來產生這種感應。他光是坐在那裡，感應就會自己找上門來。

「儀式型」則是透過某種步驟、儀式，或說經過規範化的一套流程，來嘗試預言或操控未來的情況。這個流程通常很複雜，且通常有著實際或據稱的古老起源。目前在股票市場上最活躍的「儀式型」顧問，就是占星師和塔羅牌占卜師。

有些非理性方法的使用者，可以精準符合上述的狹隘定義。比如說，許多占星師就嚴格遵循其深奧科學的數學公式。這樣的觀星者可能有種非常強烈的預感，認為全錄（Xerox）下個月會漲，但如果他觀星的結果並非如此，那他就以觀星成果為準，這就是純粹的「儀式型」。但還有一些非理性方法的使用者不那麼符合上述分類。像是當代的女巫，幾乎總是結合感應與儀式。所以不要指望我會頑固地對我們遇到的每個人都分門別類，我之所以創造這樣的分類，主要是為了初步梳理。

我們將與其中一些人碰面並仔細思考他們使用的方法。我選擇這些人的方式，多少有些隨機。但你會注意到，他們所有人不論感應型、儀式型還是無法分類者，都有兩個共同的特徵。

第一，他們不怕對股價走勢等具體事件做出預測。許多非理性方法使用者是不敢做出這種預測的。他們虔誠地談論「更高的精神價值」，不想把這門技藝運用在金錢上而使之蒙羞。當然，這通常就意味著，他們不想做出那些可以驗證或衡量其準確性的預測來暴露自己。

我最喜歡的非理性方法使用者們的第二個共同特徵，就是他們自己在市場上賺到錢了。你可能聽過某些讓華爾街顧問難堪的問題：「如果他真這麼聰明，為什麼到現在也沒變有錢？」這問題問得再好不過。如果有人聲稱自己對市場有著特殊的洞察力或專業知識，那麼，質問他為何不親自參與遊戲、而是在場外徘徊推銷顧問服務，也是很合理的。我同樣拿這棘手的問題去問那些非理性方法使用者。我主要聽取那些⑴願意為自己的理論、用自己的錢冒險的人，以及⑵有實際獲利者的論述。

你即將遇到的這些非理性方法使用者可能並不聰明，但他們都很有膽量，而且很富有。

III

往日聞人

The Ancients

點金術的傳說

我們對過去歷史的探討會很簡短。我們主要關心的還是如今的股市，而非昔日的市場。我們想知道的是，你我身為神祕主義新手，是否可能在一九七〇年代的當下，透過非理性方法在市場上賺到錢。然而首先可以確認的是，這條路似乎可行，這種通靈或神祕學事業，並不是一種新的、或轉瞬即逝的熱潮。它有著悠久、甚至可說輝煌的歷史。自股市存在以來，非理性方法的使用者就一直存在，他們當中有許多人，至死都是百萬富翁。

十七世紀初，荷蘭人在阿姆斯特丹就有著活躍的股票市場與商品交易所。人們在此買賣股票以及其他東西，像是鬱金香的球莖。這是金融史上最瘋狂的市場之一，極度缺乏監管規範，投機性也極為誇張。在一名女巫的魔咒推動下（至少業主這樣相信），一個鬱金香球莖的價格，在不到兩年的時間裡，從少少幾美元漲至近五千美元。當其他十七世紀的國家還在為了大眾娛樂，把他們的女巫絞死或精心折磨至死時，精明的荷蘭人卻利用女巫牟利。阿姆斯特丹曾經到處都是販售市場魔咒的外籍女巫。家族傳言，我的一位先祖在一六三二年買了價值一百美元的鬱金香球莖，並花錢請女巫幫忙以確保投資成功。到了一六三六年，當時的牛市瘋狂到荷蘭政府迅速暫停了所有鬱金香交易。我先祖的球莖及其培育出的產品最終價值約十五萬美元。此後他和女巫移民到了美國，（據說）從此過著幸福、理性的生活。

兩個世紀後出現了另一位荷蘭人，綽號「准將」的康內留斯・范德比爾特（Cornelius Vanderbilt）。他的職業生涯起於紐約一家破舊的小小渡輪公司。他將其充分利用，把它變成了地球上有史以來規模最大的個人財富之一。他是怎麼做到的？透過請鬼當顧問來參與市場。范德比爾特養了幾個貼身靈媒，他們召來死去商人的鬼魂，以及在靈魂出竅狀態下能洞見未來的靈體。「准將」在股市上做出所有駭人聽聞的壯舉前，都會諮詢這些樂於助人的幽靈。這些鬼魂的顧問服務顯然非常出色。

還有伊凡潔琳・亞當斯（Evangeline Adams），一位占星師。一八九九年她現身紐約，旋即成為華爾街最著名也最受歡迎的觀星者。她為一些華爾街上權傾一時的最大市場參與者提供顧問服務，並取得驚人的成功。她其中兩名客戶，雅各・斯托特（Jacob Stout）[9]和西摩・

9 譯註：歷任紐約證交所主席名冊上查無雅各・斯托特之名。相關人名與頭銜僅見於伊凡潔琳於一九一四年出版的宣傳冊《法則與占星術》（*The Law and Astrology*）。此處所指人物推測是曾任紐約證交所董事的威廉・卡本德（William Carpender），他於一九〇七年自董事會退休。其父雅各・斯托特・卡本德（Jacob Stout Carpender）也是知名銀行家。

克倫威爾（Seymour Cromwell），都是時任紐約證券交易所主席，兩人過世時也都富得流油。另一個客戶則是約翰・皮爾龐特・摩根（John Pierpont Morgan），他後來依賴伊凡潔琳的程度堪稱荒謬。摩根想要在生命的最後幾年，與伊凡潔琳一起遊覽埃及、東方以及其他神祕之地，研究神祕的智慧。不過伊凡潔琳太愛股市了，以至於無法離開紐約這麼長的時間。

然後是傑西・勞瑞斯頓・李佛摩（Jesse Lauriston Livermore），與J・P・摩根同時代的人物，有時也是摩根的死敵。李佛摩看起來也有預知能力。我說「看起來」，是因為沒人知道他到底有沒有非理性能力，他自己也不知道。但無論如何，他是華爾街非理性神話中最迷人、最傑出也最悲劇的人物之一。來看看他的故事。

「某種不祥之事」

他是個魅力十足的帥氣男子，身材高瘦，有著一頭飄逸金髮與一雙冰冷的藍色眼眸，他之於女性，就如同熱門股之於投機客一樣，同樣充滿吸引力。他結過三次婚，在美國與歐洲各地的公寓與酒店裡都有情婦，出行時會帶著一夥隨扈和馬屁精。他隨時會被那些尋求市場建議的人給擱下，想在紐約徒步走過一個街區都有困難。但他始終是個孤獨的人，而最終，他已到了一個人所能達到的最最孤獨的地步。

要不是關鍵內容有被記錄在華爾街的檔案裡，傑西・李佛摩的故事真的令人難以置信。他是麻州一赤貧農家之子，在十幾歲時，就認定了務農不是自己要走的路。他到波士頓找尋工作機會，純屬偶然的情況下，他頭一份工作就是在一家經紀商，擔任行情抄寫員。他的工作是要為交易廳裡的客戶，用粉筆在黑板上寫下報價。當時是一八九〇年代，如今由電子顯示設備完成的事，在那時是由上下亂竄的男孩們來負責。

在從事這份工作幾週後，年輕的李佛摩在自己身上發現了一個奇怪現象。他發現自己常常能猜到股票的走勢。他不知道自己是怎麼做到的，他只知道這件事確實發生。出於好玩，他開始在報價板上記下自己的猜測，他會寫下股票的當前價格，並在旁邊畫上一個向上或向下的小箭頭，以表示自己對下個價格會更高還是更低的預測。交易廳的常客們起初注意到時也只覺得有趣，但隨後卻愈來愈為之著迷。

「老天爺啊，年輕人！」在一八九三年，一位老紳士如此說道。「如果我對的次數和你一樣，我早就能買下整個波士頓了！你是怎麼做到的？」

「我也不清楚，先生，」李佛摩說。「就只是我看股票漲跌而來的一種感覺罷了。看了一會兒之後，我似乎就能知道它接下來會往哪裡走。」

這是他對自己不可思議的天賦最接近的一次解釋。在職業生涯的不同階段中，他也嘗試過其他不同解釋，但這些嘗試都不算成功。一九四〇年，在其生命的盡頭，他出版了一本半自傳的著作，名為《如何在股市中交易》（*How to Trade in Stocks*）[10]，副書名是「結合時機與價格的李佛摩公式」。他很認真地嘗試在這本書裡告訴讀者，要如何操作、賺大錢。他提出了一些奇怪的市場小祕訣，包括次級反彈和關鍵點等諸如此類。但作為一本操作指南，它其實不是很有用。所謂「李佛摩公式」事實上是無法說明的，至少從理性角度來說是如此。

書中最引人入勝的部分，是他談論到非理性方法的段落。他是如何知道股價即將下跌的呢？「總有那麼一個時候，」他說，「當市場收盤後，我會開始焦躁不安，當晚會發現自己很難睡得安穩。有某個東西會輕輕把我敲醒……似乎有某種不祥之事即將發生……」而這就是他知道的方法。

隨著李佛摩長大成人，他獨特的天賦也逐漸成熟。一八九三年的某日，這位行情抄寫員在大約十五支不同的股票報價旁畫了小箭頭，而這十五個預測，事後都被證明是正確的。這在交易廳裡引起轟動，以至於經紀商高層為了不因此染上涉足神祕學的名聲，下令年輕的李佛摩停止畫箭頭的行為。他照辦了，但華爾街的臭蟲已咬住了他，這種病正如所有股民們知道的那樣，幾乎無藥可救。既然沒辦法透過畫箭頭來玩這遊戲，李佛摩決定，這次要用真金白銀來玩。他向一位同事借了十美元，買進伯靈頓鐵路（Burlington Railroad）的股票，並以十三美元賣出。他償還了十美元，將剩下的三美元重新投入股市並很快翻倍，他的職業生涯就此起步。

那時候的波士頓和大多數其他城市一樣，有一類被稱為「投機商號」（bucket shop）[11]的公司。這些店家會以最離奇、最誇張的形式，推廣股市賭博。在投機商號裡，你並不是真的買到股票本身，實際上你是對價格的變動進行了各種下注。這跟賭馬沒有兩樣，賠率遭到無恥操縱，以便莊家得利。雖然投機者仍有望偶爾大賺一筆或有短期的好運，但對任何人來說，要想持續獲勝那都是天方夜譚。

10 譯註：此處採直譯。在繁體中文書市中，本書多譯為《傑西・李佛摩股市操盤術》。

11 譯註：或譯空桶店、對賭行、空中交易所。他們表面上是股票與商品期貨的經紀商，但不會真的將客戶的交易單送交到交易所來完成交易，而是透過和客戶收取保證金來和客戶對賭。

李佛摩開始趁午休時間造訪投機商號，並在這些店家自己的瘋狂遊戲中擊敗了他們。憑藉著他奇特的預知天賦，這一切就彷彿在人行道上鏟錢一般。李佛摩很快就將自己的小小本金增加到兩千五百美元。隨著他的資本和賭注愈來愈大，投機商號開始擔心了，一個接著一個拒絕與這難以捉摸、目光冰冷的年輕人做生意。到最後，波士頓的所有投機商號都不願再讓他下注了。

長期以來，他都夢想著進一步行動，如今看來這正是個好時機。他辭去了工作，搬到紐約，以全職的市場參與者身分，展開自己的事業。那年他才二十一歲。

他的感應天賦好像衰退了幾年。紐約起初似乎嚇到了、迷惑了他。但之後，那天賦復甦了。到了一九〇六年，他的財富已倍增至約五十萬美元，同年裡，他又完成生涯裡第一件標誌性大買賣，使他成為了傳奇。

聯合太平洋事件

李佛摩開始喜歡上一種令人汗毛直豎的險招，賣空。在這一套被某些顧問視為「純粹瘋狂」的巧計裡，你要在實際擁有股票前就先把它賣出。你期待的是股價下跌，若一切都如預期，那就可以「平倉」，或者說在稍後以低於你賣出價的價格買進。自李佛摩時代以來，監管這類交易的法規已大為收緊，但在那時，你可以賣空大量股票而無須投入自身大筆資金。如果你猜對了，你的錢會一夜翻倍；如果猜錯了，那你就會被市場掃地出門。

一九〇六年的某日，李佛摩走進一位經紀商的辦公室，說自己想要賣空聯合太平洋鐵路公司（Union Pacific）。經紀商手足無措，賣空聯合太平洋？這也太有勇無謀了。當時正是牛市期間，聯合太平洋又是行情板上最熱門的成長股之一，放到一九七〇年代來看，它就是那時候的IBM[12]。絕大多數投機者非但沒有賣空，反而透過保證金交易貪婪地買進。「還請三思啊，先生！」經紀商焦急提醒。

李佛摩依然故我，做空了數千股。據當時在經紀商辦公室周遭閒晃的目擊人士聲稱，李佛摩那天來時，看起來隱約有種困惑的感覺，彷彿也想不太明白自身的行動；然而，當他走出辦公室時，卻顯得出奇平靜。隔天他又來了一趟，依舊一臉茫然，還又賣空了數千股。

12 譯註：一九七〇年的IBM剛走過黃金十年，期間持續推出革命性產品，並被運用於軍事、科學研究與太空探索上。放在今日或可類比為輝達（Nvidia）。

又過了一天，也就是一九〇六年四月十八日，舊金山遭遇地震。聯合太平洋裡價值數百萬美元的鐵路與其他資產，以及未公開的數百萬美元潛在收益，就此深埋廢墟之下。公司的股票懸在高點震盪了一天，然後像隻翅膀受了傷的鴨子一落而下。李佛摩透過這次交易，賺進超過三十萬美元的財富。

「你是怎麼知道的？」人們後來問他。李佛摩只能無奈地聳肩回應。

隔年，即一九〇七年，情況同樣如此。該年年初，市場一片大好，股價瘋狂飆升，樂觀情緒蔓延。就在此時，李佛摩突然開始莫名其妙地賣空股票。

「你這是瘋了！」一位瑞士銀行家友人說。

李佛摩陰沉地點了點頭。「也許你說的對。」他回覆道。他似乎又一次對自己的行動感到茫然。

隨後，在全然毫無預警的情況下，市場崩盤了。恐慌情緒持續擴大，甚至到了人們開始討論要關閉紐約證交所。當一切塵埃落定，李佛摩也差不多收穫了三百萬美元。

李佛摩的一生就像這樣。有時他的預測能力看似受到動搖，使他做出災難性的錯誤預測，但他總能很快恢復過來。他變得不可思議地富有，在紐約公園大道上有套豪華公寓，在長島坐擁一座巨大莊園，有一艘遊艇，有自己的私人火車車廂，以及看來遠多於合理數量的女伴。所有這一切，都是憑他當初借來的十美元本金所贏來的。

大失敗

可是後來，事情開始不對勁了。一九二九年十月初，他跟一位瑞士銀行家友人說：「我一定是老了，漢斯。」這時他已五十一歲。「我不再對自己有信心了。我有預感，這個月股市會有大新聞，我感覺到某種緊張情勢正在蓄積。但我不知道是該做空還是做多。」

「那你何不直接空手？」謹慎的瑞士人如此建議。李佛摩聳了聳肩，「我不知道要做什麼。我就是沒辦法再『知道』了。」

有件事他說對了，市場確實有大新聞。史上最嚴重的股市崩盤從這個月的月底開始，李佛摩本應做空，但他選擇了做多。在接下來幾年裡，他試圖挽回虧損卻徒勞無功。一九三四年，他宣布破產。

「我不再有那本事了，漢斯，」李佛摩告訴他的瑞士朋友，「不論那到底是麼，它就這樣不見了。」

多年來，漢斯已學會要相信李佛摩的預感。根據他自己提出的建議，漢斯在一九二九年十月初，就把自身所有資金撤出市場。他富有且滿懷感激，透過自己在瑞士銀行業的關係，他安排讓李佛摩有了新的資本。李佛摩重回市場，但正如他自己所言，「它」已經消失，他手邊的新籌碼逐漸減少。

一九四〇年十二月的一個下午，李佛摩漫步走入紐約的荷蘭雪梨酒店（The Sherry-Netherland），喝了兩杯古典雞尾酒後進了男士洗手間，飲彈身亡。

IV

感應者們

The Feelers

眞知女士

我對傑西．李佛摩和T．O．杜利這類感應者的進一步探尋，把我帶到了一個看似毫無關聯的地方：紐澤西州的紐瓦克工學院（the Newark College of Engineering）[13]。

紐瓦克[14]是我童年記憶裡的大都市。我在這裡欣賞了人生第一場滑稽歌舞劇[15]，品嘗了我的第一杯啤酒，也在紐瓦克接受了某些其他的教育元素並樂在其中，能暢談這座城市讓我備感榮幸。紐瓦克也許是地表上最最平庸、興許最醜陋、當然也最不神祕的城市之一。這是座骯髒沉悶的老城，四處是坑坑窪窪的街道、廉價的酒吧和十美元一次的性服務。靠近市中心的某處就坐落著紐瓦克工學院，同樣平淡無奇，同樣不具美感。紐瓦克學院是那種嚴肅務實的地方，沒有綠草如茵的校園，或是能夠供人漫步和作夢的僻靜林地。在櫛比鱗次的建築之間，所露出的那一小塊煙霧瀰漫、泛綠色的夜空裡，通常也看不到什麼星星。你想找到進行中的非理性現象研究，但這裡就不是那種地方。

偏偏就在此處，我發現了一群狂熱的工程師，正研究將「預知」（precognition，一種在大學裡稱呼「預言」〔prophecy〕的說法）應用於商業世界。透過他們，我認識了他們最喜歡的實驗對象之一，一位引人注目的市場感應者，瑪莉・塔爾米奇（Mary Tallmadge）。

「我們已經記錄瑪莉的市場預測約兩年時間了，」助理研究員道格拉斯・狄恩（E. Douglas Dean）說。「她準得不可思議。」

狄恩是一名身材高大、一頭灰髮的英國男子，早年學的是化學，給我的印象是個冷靜沉穩、有判斷力的人。在這方面更讓我印象深刻的，是紐瓦克學院預知研究計畫的另一共同負責人，約翰・米哈拉斯基（John Mihalasky）教授。「我是個工程師，」米哈拉斯基斷然道。「如果我看不到某件事物的實際應用，我是不會對它感興趣的。在這裡，預知研究絕非什麼實驗室遊戲。我們正在嘗試了解，能否幫助商業人士活用這種現象。」

狄恩與米哈拉斯基這兩個人，不同於我在非理性世界的其他角落，所遇到的那些眼神迷離的神祕主義者。首先，這兩人說的是人話，沒有鬼扯什麼「因果業力」或「古人的失傳祕

13 譯註：今為紐澤西理工學院（New Jersey Institute of Technology）。

14 譯註：紐澤西州的最大城，與紐約曼哈頓僅以哈德遜河相隔。早年以工業發展為主，後成為紐約大都會區的一部分。

15 譯註：此處指流行於十九世紀末至一九四〇年代初的美式滑稽劇（American burlesque），是結合了低俗幽默與脫衣舞元素的歌舞表演。

密」。他們彷彿就成長自老舊、嚴苛的紐瓦克，為人都坦率務實，甚至到了乏味的程度。因此，不管怎麼說，他們值得信賴。

我告訴他們，我想採訪瑪莉・塔爾米奇，於是我被安排與她和狄恩三人共進午餐。商定見面的日期是一九七〇年九月二十九日，星期二。在此一週前，我致電到塔爾米奇小姐位於紐澤西州維洛納小鎮（Verona）的家中，詢問：「你能給我下週的市場預測嗎？」

「當然，」她毫不猶豫。「我認為是看漲，市場整週都會向上攀升。狄恩已將我的預測記錄在案：未來兩週市場看漲。」

「那我們要見面的那天呢？」我問道。「星期二當天會如何？」

「漲一點點，」她短暫停頓後說道。「道瓊指數漲個兩點左右。」

她對自己的預測沒有絲毫躲閃或修飾，聽來十分篤定。掛上電話，我再次感受到與T・O・杜利在德爾莫尼科碰面時那種奇妙的錯位感。

午餐會前一天，九月二十八日，星期一，埃及總統納瑟（Gamal Abdel Nasser Hussein）驟逝，使得本已不確定的中東局勢明顯瀕臨混亂的邊緣。當日下午稍晚，在東岸股市休市後，納瑟逝世的消息傳遍美國。電視上的晚間新聞中，專家們推測這可能導致市場暴跌，我聽完後覺得這些推論與預期都十分合理，沒什麼毛病。我那時心想，瑪莉・塔爾米奇，你這下要搞砸了。

隔天早上，我坐在經紀商的交易廳裡盯著行情。正如專家們擔心的那樣，市場似乎處於恐慌狀態，道瓊指數迅速下滑，到上午十一點時已下跌超過四點。

「老天啊，」坐在我旁邊的一位年長紳士說。「這會是糟糕的一天。今早我就有種應該賣空的感覺，但我沒那天殺的膽量。為什麼我就是沒辦法相信自己？」

「你認為會跌上一整天？」我問他。

「老天，是啊。收盤時我們會跌上十點。我以前見過這樣的日子。起初慢慢下跌，而後愈來愈糟。恐慌情緒會愈演愈烈，喔天啊。」

瑪莉・塔爾米奇說會上漲兩點。

還上漲呢，見鬼去吧。

當瑪莉・塔爾米奇小姐來到餐廳，原來是位年屆五十七歲的女士，一派開朗從容的模樣。當我告訴她道瓊已經跌了四點時，她聳了聳肩，「我也不是每次都對，」她說。

顯然不是，我暗自腹誹。

午餐後我回到交易廳，在那兒坐到收盤，當天的道瓊指數相比昨日，竟上漲了一．九九點。由於某些連隔天的《華爾街日報》也無法合理爬梳出的理由，市場旋即從納瑟去世的震驚中恢復過來，並在那天中午改變了方向。瑪莉．塔爾米奇的預測與真實的情況間，僅僅只有百分之一點的誤差。

而且，正如她所預測的那樣，市場在當週剩餘的時間裡持續上漲，週五以充滿信心的上漲六點收盤；到了下週一，更是以好得過分的上漲十點作收。

瑪莉．塔爾米奇女士到底是什麼來頭？

電訊大跳水與其他故事

「我一生絕大多數時間裡，都有著這種預見能力，」她一邊喝著一杯乾曼哈頓，一邊對我說。「但直到一九六八年，我才開始預測市場。」

一切要從一位同樣不尋常但住在邁阿密的女士，瑪蒂．波格（Marti Pogue）說起。瑪蒂．波格是位技術高超且經驗豐富的市場參與者。她並不滿足於只在她看漲時買進股票。她偶爾會做空，也從事賣權與買權的交易。她還管理著幾個私人投資帳戶，一些寡婦、離婚婦女及其他有錢的邁阿密市民會把錢轉給她；比起自己嘗試投資，他們更寧願讓瑪蒂代打。瑪蒂・波格的全數收入幾乎都來自市場。「我做得很好，」一九七〇年十月初，我與她談話時，她如此說道。「早在我遇到瑪莉・塔爾米奇之前，我就一直做得很好。瑪莉得要表現得誇張出色，才能讓我印象深刻。而她確實做到了，至今依然如此。」

兩人之所以碰面，是因為瑪蒂・波格某天偶然讀到一本關於華盛頓特區著名預言家珍妮・狄克遜的書，對ESP以及類似的非理性現象，一時有了興趣。瑪蒂對於珍妮・狄克遜能預見未來的能力感到困惑。「我花了好幾天的時間思考琢磨，有天我碰巧和一位朋友提到了這本書，我告訴對方：『我也想有個像珍妮・狄克遜這樣的人來幫我預測股市。』我是開玩笑的，但朋友卻當真了，他說：『我認識一個人，和珍妮・狄克遜一樣厲害，甚至更出色。是一位名叫瑪莉・塔爾米奇的女士。想和她聊聊嗎？』」

原來，這位朋友曾在紐澤西州的某處，看過瑪莉・塔爾米奇展露她的感應能力並且印象深刻。他於是和瑪蒂・波格從邁阿密打了通長途電話，到紐澤西的維洛納。

「我覺得蠢斃了，」瑪蒂・波格回憶道。「但是後來，瑪莉・塔爾米奇透過電話，說出了我車子的顏色，甚至說出一些我私生活的細節，那些理性上她不可能知道的事。她還告訴我，我就快感冒了。隔天我真就感冒了。我實在太好奇，所以從那時候起，就時不時會打電話和她聊聊。」

瑪蒂・波格是位理性、聰明的女士。在最初的幾次電話交談中，她並沒有向瑪莉・塔爾米奇尋求股市方面的建議。畢竟不用透過非理性方法，瑪蒂就已經做得非常好了。但在一九六八年初的某日，一時心血來潮，讓她提到了這個話題。

「瑪莉，」她說。「對於股市，你怎麼看？」

瑪莉停頓了一下，然後說：「我看見一段充滿信心的時期即將到來。市場會一路向上。」對瑪蒂而言，這個預測似乎不太可能實現。道瓊指數在一九六七年秋季觸及九百五十出頭的高點後，就開始下跌、回升、再下跌。目前處在八百四十點的上下區間，並且仍在往下走。基本面和技術面的分析師都陰鬱地預測，接下來會遭遇更多麻煩。線圖專家們眼見一個典型的頭肩頂型態出現，（根據他們的解讀）這預示著將進一步下跌。瑪蒂在個股上有的做空、有的做多，還不確定自己該轉向哪一邊。

但隨著詹森總統（Lyndon B. Johnson）宣布放棄競選連任，加上一系列不可預見的經濟因素，推動股市一路走揚，以至於到了一九六八年底，活力充沛的道瓊指數距離一千點僅有一線之差。

瑪蒂在市場開始走揚時，將空頭部位全數平倉。「我該更早回補。如果有聽瑪莉的話，我會賺得多很多。只是……」

只是瑪蒂終究是個理性的女人。在她所受過的整個投資訓練中，要根據非理性的建議來參與市場，仍是個陌生的概念。

然而，對於這位紐澤西州奇怪的特異人士，她是愈發著迷。「瑪莉的許多預言，最終都被證明是正確的，於是我開始將它們記錄下來。舉個例子，有天她告訴我，說我即將被捲入某些訴訟。這對我來說不太可能發生，我的生活一向平靜。但事情就突然發生了：我都還沒來得及喘口氣，就接連捲入一場私人訴訟、一場與國稅局的爭論，以及和一家零售信貸公司的糾紛中。隨著有愈來愈多瑪莉的預言成真，我開始懷疑，這到底是怎麼回事？」

某天，瑪蒂決定試看看瑪莉．塔爾米奇能否像預測道瓊指數那樣來預測個股走勢。「你看好哪支股票呢？」瑪蒂問她。

瑪莉．塔爾米奇停頓了一會兒，接著說：「聯合果品（United Fruit）。」

當時該股售價約為每股四十二美元。瑪蒂於是買了幾百股，「就只是買好玩的……當我跟一位朋友說我做了什麼後，他嘲笑我。我也覺得自己很好笑，這整個主意想當然蠢到不行。」但接著，聯合果品的股價開始動了。它在一天之內飆漲超過九美元。瑪蒂最終先後以六十一美元與六十九美元的價格，分批賣出所有持股。

在很長的一段時間裡，兩位女士都只透過電話交談。她們首次見面，是在瑪蒂去紐約出差時，兩人一起去了一家夜總會。「我很肯定見了面後，我們會像在電話裡一樣相處愉快，」瑪蒂說。「實際也確實如此。而且在那次碰面之後，瑪莉的預言似乎更準了，細節更加精確的那種。你知道嗎？那真的太神奇。」

瑪莉．塔爾米奇如今開始定期為她的邁阿密好友提供市場預言。對於這些預言，瑪蒂有的會採取行動，有的則會忽視。「我會忽略那些看來毫無道理、與理性預測不符的部分。**但瑪莉只錯過一次**。那次是關於安拿可達銅業（Anaconda Copper）的預言，她說會在一定時期內上漲，結果沒有。」

瑪莉．塔爾米奇非常準確地預言了一九六九年的熊市。她預見到一九六八年底市場開始走跌，一九六九年春行情短暫復甦，到了夏天又出現災難性的暴跌。（就在此時道格拉斯．

狄恩與她相遇，並開始研究和記錄她奇特的天賦。）

瑪蒂在一九六九至七〇年的熊市期間大賺特賺。舉個例子，來看看她的電訊公司（Telex Corporation）大賺事件。她以一百三十五美元的價格賣空電訊公司，看著它跌了大約十五美元，準備回補出場，獲取一份看似很合理的利潤。「但出於某些原因，我先打了通電話給瑪莉。我並沒有在採取任何行動前都打電話給她的習慣，但這次我這麼做了。我告訴她，我即將平倉我的電訊公司空頭部位。」

瑪莉．塔爾米奇說：「如果是我就不會這麼做。」

「不要平倉？」

「不要平倉。電訊公司還有得跌呢。等到它跌完，價格會剩不到開始時的一半。」

瑪蒂為這一步猶豫了許久。持有空頭部位並不是件舒服的事。實際上，它也許是股票市場上最好的精神藥物替代品。高度興奮與難以形容的可怖恐懼在腦海中交替出現，有時兩者還同時占據大腦，彷彿隨時會炸穿你的天靈蓋。（有人說，李佛摩正是因為沉迷做空，這才發了瘋並最終導致他的自戕。）

電訊公司的股價上下震盪。瑪蒂好幾次伸手去拿電話。「我一直想打電話給經紀商，想要平倉出場。但每次把手放在電話上時，我都會想，『嗯，就再多等一天吧。』」

沒多久，電訊公司的股價突然像顆石頭般急速直墜。在這一路下跌的過程中，瑪蒂賺到了約八千美元。

牛、熊與輸送帶

「我是透過去到那裡以看見未來，」瑪莉．塔爾米奇坐在餐桌對面，這樣告訴我。「我想你可以說，我陷入了一種恍惚狀態。不是想睡的那種恍惚，當下我其實很清醒，如果有人跟我說話，我能聽到並回答。但只要沒被打擾，現實世界看似就會慢慢淡出。我彷彿進到了另一個世界，一個不同的時間平面（time plane）。」

「確實，我也聽過其他人這樣解釋預知，」道格拉斯．狄恩說道。「一個不同的時間平面，就好比說，在我們平日生活的世界裡，時間是固定、鎖著、不能改變的。但在另外一個平面上，時間是流動的。你可以在其中行動，能理解嗎？如果你能把你的思維帶到另外一個平面，你就能飄到未來。」

「那是種什麼樣的感覺？」我問道。「你會看到什麼？」

「我會以象徵的方式看到東西，」瑪莉．塔爾米奇回答。「當我想著股市時，眼前就會出現一頭牛與一頭熊，在一條移動的輸送帶上玩耍。每次都是這樣。那輸送帶就是市場，牛與熊爬上爬下，相互推搡，試圖推開對方。有時候一個騎在輸送帶上、一個睡在輸送帶下。牠們看似都有著自己的生活，我也不會用意念去控制牠們，我就只是……嗯，觀察牠們。無論我看到牠們怎麼行動，市場未來就會發生什麼。」

「你是怎麼知道你所見到的，是未來的哪一部分？」我接著問。「我的意思是，你怎麼知道你看到的，是下週還是明年？」

瑪莉．塔爾米奇就這個問題思考了好一會兒，顯然這很難回答。「好吧，」她最終說道，「通常我單純地就是知道。我沒辦法解釋我是如何知道的，我就是知道。我想這主要取決於我看輸送帶時靠得有多近。如果我看到的只是短短的一小段，就像電影裡的特寫鏡頭，我就曉得我看到的是不久的將來，可能是一週或幾週後的事。如果我看到的輸送帶能延伸到遠方，那我就知道我看到的是遙遠的未來。」

我想必在位子上坐立難安、表情扭曲，還是以某種其他方式顯露了我的懷疑，讓瑪莉．

塔爾米奇突然笑了出來。「你對這說法不太買帳，對嗎？」她說。

「坦白說，是沒辦法，」我說。「關於時間這點讓我有些困擾，我還是不明白你要怎麼知道自己正處在未來的哪個時間範圍。」

她點了根菸，坐著想了一會兒。接著她說：「你怎麼知道今天是星期二？」

「因為昨天是星期一。」

「那你又是怎麼知道的？當你每天一早醒來，你就知道那天是什麼日子，不是嗎？你不必翻遍日曆來搞清楚狀況，你就是知道，而且你通常也不會停下來去問自己是怎麼知道的。今天是星期二，因為感覺它就像星期二。就跟身處未來時的感覺一樣，我知道我所看到的是下星期，因為它感覺就像是下個星期。」

「但有時她會看到日曆，」道格拉斯．狄恩說。

「是的，」她說。「有時輸送帶上就掛著一個日曆，或者……嗯，在背景的某處有著某種日曆的形象。這種時候我就可以明確指出當天的市場走勢。」

「那個股的情況呢？」我問。

「那同樣以象徵的方式顯現，當我正看著牛與熊時，整個場景可能會忽然往後淡出，我會發現自己在突出的前景裡看到某樣東西。就好比聯合果品。我看見那頭牛就騎在輸送帶上，牠宰制一切，昂首挺胸，非常自信。接著我看到一艘船，船身印著聯合果品的商標，上頭堆滿了香蕉，它們在陽光下閃耀，彷彿是用黃金打造的一般。我知道我看到了什麼。這是個美麗的市場提示，意味著聯合果品的股票將在幾週內大幅上漲。」

我又問了：「你覺得你這種天賦是怎麼來的？」

「訓練，」她的答覆很簡單。「我就只是訓練自己去做這件事。」

她的回答很特別，且令人耳目一新。許多有預見能力的人，也許絕大多數，在談到他們的奇異天賦時，都將之視為一種罕見的、上帝賜予的禮物。事實上，他們往往對此虔誠到令人作嘔的程度。就在你需要吃點胃藥讓自己舒服一點時，瑪莉．塔爾米奇卻說，她的天賦就只是一門可以學習的手藝，就像修水管一樣。

「所以你相信自己能把普通人也變成市場先知？」我問道。

「當然，」瑪莉．塔爾米奇說。

她有個由八名私人學生組成的小團體，每週在她家聚會一次。她還在紐澤西州菲爾朗（Fair Lawn）的一所成人夜校裡任教。

如果你也想按照瑪莉・塔爾米奇的方法來參與市場，請參閱附錄中的說明。

預感現象

「打從我們開始琢磨商業世界裡的預感時，就投入相關研究了，」米哈拉斯基教授說。我坐在他和道格拉斯・狄恩於紐瓦克學院的共用辦公室裡。這個房間挺大，但也相當雜亂。書架和辦公桌上堆滿了工程與統計的教科書。外頭還有一項建築工程在噹啷作響。在這裡，沒有半點魔法或神祕氛圍。

「你知道，有些人對的次數就是比其他人多，」教授說。「不論在股市裡，還是在一般商業決策中。沒人知道箇中原因。關鍵似乎在於要在正確的時間點有正確的預感。艾佛瑞・史隆（Alfred Sloan）——通用汽車（General Motors）的代表人物，你知道的——就曾說過，所有商業決策的最後階段，全靠直覺。你永遠無法獲得你做決策所需的全部資訊。你可以花上幾個月的時間收集數據、研究問題，但最終你還是得憑藉直覺來決定是否執行。在股市裡就是如此，不是嗎？」

「確實沒錯，」我說。我回想起自己買賣股票的所有經歷。每次我都試圖以理性和學術性的方式來做決定，研究事實、閱讀顧問報告、向經紀商尋求建議。但到了最後還是純憑直覺。要下單買入或賣出的最後關頭，那個瞬間總是令人恐懼。就好像在黑暗中要從峭壁上走下，心中只能希望那地面離自己不會太遠。

就像在黑暗中。這種時候，總像在黑暗中。

「那麼，」教授說，「為什麼有些人的預感，最後出來的正確性就是比別人高？這就是我們想知道的。我們認為這可能和預知能力有關。我起初也是不信。但我們研究了這個想法後發現，那正是關鍵所在。事實證明，有些人在不知不覺中或沒有意識到的情況下，擁有對未來的直觀知識。」

米哈拉斯基與狄恩研究這個問題的方法，是寫程式讓電腦執行，讓它跑出隨機的數字。在電腦開始生成亂數之前，他們會先要求一組男性和女性去預測最終的數字會是多少。「有些人的預測成果，就是**持續地**、**一而再**、**再而三地**比其他人好。假設電腦輸出一百個數字，猜中一個得一分，可以預期，你在純憑偶然的情況下能得個十分。十分是絕大多數人在絕大多數時間裡能得到的分數，大概就八、十、十二這個範圍。但有些人始終能拿到十五、二十分。純憑偶然拿到二十分的機率，那是非常非常低的。」

「那麼，高分者在市場上也會有好表現嗎？」

「據推測，是的。他們就是擁有知曉未來這種神奇能力的人，或者是能夠以某種方式得到關於未來的提示。我們進行了另一項實驗，來看看我們的實驗室成果是否會反映在個人生活中的實際成功……」

紐瓦克的工程師們前往一場商業大會，召集了兩組公司總裁。其中一組由過去五年裡、其公司盈利翻倍甚至更好的人組成，這些人的商業預感，明顯在絕大多數時間裡都是正確的。另一組則由公司盈利未翻倍的人組成。實驗室結果符合預期。在電腦亂數預測遊戲中，盈利翻倍組的得分高，未翻倍組得分低。米哈拉斯基的結論是：「盈利翻倍組的人，表現出擁有預知的天賦。」

米哈拉斯基與狄恩的研究在商界引起了廣泛關注，在學術界也是如此。奇怪的是，最感興趣的關注者之一，是蘇聯。

俄羅斯民族對於所有關於魔法或神祕的事物，都抱持著強烈、濃厚的興趣。在那些政府資助的蘇聯實驗室中，正在對ＥＳＰ及相關現象進行許多鄭重、且通常很詭異的研究。而有些俄羅斯人即使沒有政府的支持，對於美國的股市也同樣懷有強烈、濃厚的熱愛。

由於沒有自己的股票市場，那些想參與我們國民遊戲的人，自然就得來我們的場館玩。他們透過值得信賴的美國仲介商和瑞士銀行帳戶，來參與我們的市場。據說有些人的表現相當出色，特別是在一九六九與一九七〇年的熊市中。顯然，承襲自韃靼人的某些黑暗氣質，讓俄羅斯人在賣空這方面如魚得水。此外，俄羅斯的市場參與者似乎也受益於他們在ESP上的民族興趣。他們對於在市場上嘗試使用ESP這點，絲毫不覺尷尬。對他們來說，這種非理性方法在自然不過，幾乎就像是我們使用的點數圖（Point & Figure Chart）或其他理性系統般普遍且可接受。

幾年前，一名俄羅斯人來到紐瓦克學院，希望參觀米哈拉斯基的實驗室。「他說自己是某所蘇聯大學的教授，」米哈拉斯基回憶道。「說他正在研究ESP，想看看美國人都在研究些什麼。所以，好吧，我表現出如常的學術禮儀，帶他四處參觀，也把我們的論文副本給他。他謝過我之後就離開了。後來我的一些朋友去了俄羅斯，我就請他們去找當初那個人。但那個人並不在他所說的那所大學，就連蘇聯政府也沒聽說過他。俄羅斯各地也都沒有叫那個名字的教授。我懷疑他只是出於私人的目的，想要了解我們的商業ESP研究。」

他的目的是為了股票市場也說不定。米哈拉斯基在俄羅斯旅行的朋友，是希拉・奧斯特蘭德（Sheila Ostrander）與琳恩・施羅德（Lynn Schroeder），她們於一九七〇年出版了一本資料詳盡的書，名為《鐵幕後的心靈發現》（*Psychic Discoveries Behind the Iron Curtain*）。她們訪談了數百名參與ＥＳＰ研究的俄羅斯人、捷克人、波蘭人以及其他人等，而在這數百人當中，許多人都對資本利得抱持著樂觀、直率且不太共產主義的態度。

「在未來，ＥＳＰ會被用於什麼用途呢？」這兩個美國人詢問布拉格的米蘭・里茲爾博士（Dr. Milan Ryzl）。里茲爾博士在共產主義的學術界裡享有盛名，他會透過催眠的方式，讓人們進到類似瑪莉・塔爾米奇的輕度恍惚狀態，藉此讓人們預言未來。

里茲爾博士推測，在未來，人們會將ＥＳＰ用於賺錢。

八號桌的神奇案例

根據奧斯特蘭德與施羅德的著作，讓俄羅斯學者特別著迷的ＥＳＰ研究領域之一，是一個叫「電子增強」（electronic augmentation）的奇特概念。俄羅斯人的理論是，既然人腦實際上是透過微弱電流來工作的，那麼ＥＳＰ現象的本質，也必然與電子有關。俄羅斯人推斷，如果真是這樣，那麼就有可能設計出一個裝置，也許像無線電還是雷達那樣，能夠增強大腦的ＥＳＰ能力（如果ＥＳＰ真的在的話）。有幾所俄羅斯大學一直在對此類設備進行實驗，有的甚至聲稱取得了驚人的成功。

對這種奇怪方法感興趣的俄羅斯人提出了一個推論。他們說，如果ＥＳＰ的天賦可以透過人為方式增強，那麼可以想見，這種增強可能會在某些時間或地點，被偶然觸發。在任一特定城市中，可能都會有那種靠近電視訊號發射機的街角，或是那種緊鄰大量發電設備的房間。在這些地方，零星的磁場與其他電子發散形式形成了某種力場，讓人們的ＥＳＰ能力在其中被放大。這個想法聽起來很科幻，不過……

不過，我們來看看這個神奇案例，「八號桌」。

在曼哈頓東城，有一家名為「瑪麗亞乾杯」（Maria's Cin Cin）的餐廳。表面上看，這是一家非常普通的小餐館，就是那種在紐約和其他城市都隨處可見的類型。裡頭光線昏暗，氛圍舒適。這裡提供極佳的義大利美食，以及一種奇怪、甚至有點邪惡的飲料，名叫「紫色」，成分基本上和馬丁尼差不多，但加了一種店家從未透露其真身的紫色成分。電視臺和廣告公司的人，經常到瑪麗亞餐廳吃午餐。當地公寓居民和喜歡去劇院的情侶，則會來這裡享受晚間的雞尾酒時光、吃頓晚餐。還有些常客，會將這裡當作是他們的夜間俱樂部會所。

在一個黑暗的角落裡，在簾幕的後頭，有著一張八號桌。瑪麗亞的常客說，不論是誰，只要坐在這張桌子旁並保持適當開放心態，都可以期待至少獲得一次有點有趣、甚至是令人震驚的通靈體驗。

瑪麗亞．布拉加里尼（Maria Bragalini），是一位個子不高卻充滿活力、有著一頭黑髮的女子，與她的丈夫一同經營著這家餐廳。她喜歡在晚上站在吧檯後方，說著八號桌的故事。她說有個找不到工作的女演員，某天晚上就坐在那裡，突然莫名其妙地確信自己應立即離開，並往東走向第二大道。在第二大道與第五十三街的轉角處，她撞見一位廣告業的朋友。隔天，這位朋友在就聘請她出演一個電視廣告。還有一名男子，在八號桌吃晚餐時，倏然直起身來說道：「我的老天啊，我老婆死了！」他說的沒錯，他的妻子在芝加哥附近因車禍喪生，據說事故就發生在那個當下。至於關於股市預感的故事，瑪麗亞．布拉加里尼也跟我講了一堆。

她和她的常客們，對於八號桌現象都沒有什麼非常精確的理論。一位在出版社工作的年輕女性常客，她的看法呼應了俄羅斯人的「偶然放大」說。「想必是有什麼發散粒子就在那張桌子上匯聚，」她說。「也許來自這附近的某些大型空調，或者來自下方地鐵的高壓電設備，又或者……天曉得！無論如何，看起來事情就是有什麼東西匯聚到了八號桌，而結果則是人們的靈壓（psychic voltage）得到了提升。」

嗯，也許吧。我也在八號桌旁坐了一個晚上，並沒有感受到人們據稱的心靈體驗。（有個問題是，我也並不知道感受到心靈體驗究竟會是什麼感覺，所以我也無從找起。）我與瑪麗亞·布拉加里尼交談，也聽了她的描述，但想當然對她說的東西，我實在沒辦法買帳。畢竟八號桌的事情可能只是虛構，是一個精心設計的宣傳噱頭。在其說詞中，我能肯定的是，八號桌的故事已經流傳約二十年，而她幾乎沒有嘗試公開宣傳這件事，甚至還拒絕了一家出版商要她寫一本這主題書籍的請求。儘管如此，我還是遵循報導法則所說的：當說謊對人們有利時，那就得假定他們會說謊。

於是我和瑪麗亞的一些常客攀談了一下，其中一人跟我說了一個非常有趣的市場預感故事。

甘儂·賽爾登（Gannon Selden）是個矮個子的金髮男子，四十歲左右的他在一家大型廣告暨公關公司任職。他告訴我，一九七〇年秋季某日，他曾和一位朋友坐在八號桌吃午餐。「八號桌不是你想坐就坐的，」他說。「其他人也都知道這裡，有時是會有個候位名單的。但那一天我特別希望能坐在八號桌，因為我和我的朋友正努力談成一筆複雜的生意。我想，任何能幫上忙的方法，我們都可以去試一試，神祕的也好、其他的也罷。總之我提前一週預約了那個位置。」

他們喝了幾杯「紫色」。在他們交談過程中，賽爾登同時在記事本上塗鴉。「這是我的一個習慣。幾年前我戒了菸，想說需要給我的手找點事情做，所以我開始塗鴉。當下在畫些或寫些什麼，有時我自己也並不清楚。有時我會畫人臉或一些古怪的設計，寫些單字、字母或數字。在談話或會議結束之後，我會看看我塗鴉的內容，然後想：哇，我到底為什麼要畫或寫這些東西？你知道，塗鴉是一種潛意識的展現。甚至有心理學家對此進行了研究，有時你可以從中看到佛洛伊德式的象徵意義。嗯，無論如何，在八號桌吃完午餐後，我看了看自己的塗鴉……」

他打開皮夾，抽出一張軟爛、摺著的黃色紙片。「我把它留了下來，因為這很不尋常。來，你瞧。」

紙上畫滿了人臉、以及像是吊橋和其他設計的東西。右上角有個華麗的橢圓形設計，看起來像一面古董手鏡。橢圓形的中央是一組深奧的符號：

AMR

+

50%

11471

「對於這組符號有什麼意思，我是一丁點兒概念都沒有。我本以為這只是一堆隨機的字母與數字，就像我塗鴉時經常會隨手寫出的那種。我把它拿給朋友看，他也一頭霧水。那天他得先行離開，於是我一個人坐在桌邊，喝了杯酒，又看了看那個塗鴉。我忽然想到，這說不定是某種瘋狂的市場提示。我先從最下面的數字開始思考，１１４７１可能是日期，可能是一九七一年的一月十四日或十一月四日。而＋50％可能代表到了上述日期，某個東西的價格會上漲百分之五十。可這『ＡＭＲ』我就毫無頭緒了。我也經常在市場上交易，但並不是真正的專家。我盯著那ＡＭＲ許久，才最終意識到它可能是一組股票代號。」

他從桌邊站起身來，給經紀商打了電話。經紀商告訴他，ＡＭＲ確實是一組股票代號，代表美國航空（American Airlines）。

「好，我接下來要跟你說的話，聽起來可能蠢斃了，」賽爾登說。「但在你把我當成一個徹頭徹尾的瘋子之前，你要先知道我當時的處境。一九七〇年秋天，我正經歷一段艱難時期，剛與妻子離婚，上班的公司也遭遇嚴重衰退，我的工作隨時可能不保。我對一切都非常沮喪，酒更是卯起來喝——你也知道這種狀況男人會變得怎麼樣。我的思緒一團亂，我的世界彷彿要迎來末日，而我就處在這種想冒些愚蠢風險的狀態。我覺得一切都不重要了。所以當經紀商告訴我AMR的意思後，我就做了我這一生中最瘋狂的市場豪賭。」

由於離婚後賣了一套房子，賽爾登那時擁有約兩萬五千美元的現金。美國航空當時的股價約為十八美元。賽爾登的現金能以百分之七十的保證金比例，買進兩千股美國航空。也就是說他只要付七成的錢就能買進這兩千股，剩下的三成則從經紀商那裡借。

「我的經紀商說『你這是瘋了』，但我已喝得半醉，絲毫不在乎這筆爛錢會怎麼樣。我叫他就這樣買下去。」

一九七一年一月十四日，美國航空的股價來到二十七美元。自上個秋天以來，它已漲了百分之五十。甘儂．賽爾登以五萬四千美元的價格賣出了它的兩千股股票。如果他的故事可信的話，他的錢在三個月內就翻了一倍。

V型線圖與幻象

「我們在華爾街費了好大心力在理性研究上，」卡蘿．寇哈根（Carol Cohagen）說。「有時這讓我忿忿不平。有的人絲毫不關注什麼收益報告、分析師的研究或其他之類的，但就是能獲利。」

卡蘿．寇哈根在全球最大經紀商美林證券工作多年，早先在底特律，後來到了紐約，並擔任過多種職務。她目前的工作，是為美林的客戶雜誌《投資人讀本》（*Investor's Reader*）去研究各家公司並撰寫相關報告。空閒時間裡，她熱衷於搜羅各種華爾街的古怪故事。

這些市場靈媒令她著迷，儘管對於他們說的話，她通常一句也不信。有一回，她邀請了其中一位，到她曼哈頓的公寓共進晚餐，只為了搞清楚這一切到底是怎麼回事。這人年約四十，曾是名英語老師，直到他發現比起在教室工作，為人提供通靈服務能賺得更多。「那時正是萬聖節前後，我做錯一件事，給了他一個上頭有黑貓花樣的杯子蛋糕。他看起來很不高興，也許那貓嚇到了他，又或者他覺得我在開他玩笑。他最後沒吃那個杯子蛋糕。」

他告訴卡蘿，他在賽馬上賺了很多錢，曾經連續六次選中獲勝者。後來他對股市有了興趣。他的方法是，先專注去想一支特定股票，任何一支都可以，隨機挑選。過了一會兒，他會開始在腦海中看到一個線圖的圖樣。如果是線圖是波浪狀的橫線，他就會放棄該支股票，轉而去想下一支。但如果圖樣呈現尖銳的V字形，不論尖頭朝上還是朝下，他就會有興趣。V形線圖意味著行動。

以艾特克公司（Itek Corporation）為例，這家公司於一九六六年中首次於紐約證交所上市，當時股價約七十五美元。當這位看圖靈媒想著這支股票時，他看到了一個漂亮的倒V字形。他於是在七十五美元的價位買進，隔年以接近翻倍的價格賣出。他以驚人的準確度看見了倒V字形的高點。到了一九七〇年，艾特克的每股股價已經低於三十美元。卡蘿．寇哈根問他，自己或者其他人是否也可能學會這種能力。他的答覆是「祕訣在於練習」，這與瑪莉．塔爾米奇的觀點相呼應。「他說他會站在紐約的各個街角練習，試著去預測下一班到站的公車編號。」

某天下午，卡蘿．寇哈根和我在距離紐約證交所兩個街區的百老匯大道上，試著做這樣的練習。試了六次，六次全錯。

「也許你打從一開始就需要某種先天的通靈天賦，」我提出我的想法。

「又或者你需要經年累月地練習。」

「這聽起來很費功夫。」

她難過地點點頭。「也許到頭來還是理性方法比較簡單，」她說。

V

觀天文而知趨勢

By the Stars

完美十一年

美國海軍退役少校大衛．威廉斯（David Williams），與我相約在紐約的准將酒店（Commodore Hotel）[16]共進午餐。那是在一九七〇年六月的某一天，當時他已七十出頭，一頭飄逸白髮在頸後濃密鬈曲，鋼框眼鏡之下有著一雙淡藍色的眼珠。他話不多但和藹可親，在某些方面相當謙虛，唯獨一個話題他沒打算嘗試謙遜，那就是他作為一名華爾街占星師的紀錄。

他要想謙遜也不容易，因為他的紀錄幾乎令人難以置信。如果這些預測沒有全數被記錄下來並標明日期，那應該沒有人會相信，像我就會覺得這是個經過精心設計的謊言。他透過對星象的解讀，參與市場十二年。在此期間，他的資本利得平均每年都增長約百分之二十七。換句話說，每三年，他的資產就穩定地翻上一倍。

「在這段時間裡，我交易過大約兩百支股票，」他跟我說。「除了其中三支之外，其餘我都有獲利。那三支股票都是我在一九五八年時買的，那時我還在學習。」

「你的意思是，」我問道。「從那之後，你就沒有在任一支股票上賠過錢？連一次都沒猜錯？」

「是的，沒錯。」

我盯著他看。他是位討喜的老紳士，我也不希望惹他不悅，但我不得不冒這個險。我問他：「你介意我和你的經紀商確認一下嗎？」

他微笑著聳聳肩。「當然不會。」

稍晚我就去找人確認了。他的經紀商是默金公司（Merkin & Company）的阿爾・莫斯（Al Morse）。阿爾・莫斯告訴我：「是的，都是真的。他的進出時機真的不可思議。」

自一九六五年起，大衛・威廉斯就在《星象》（*Horoscope*）與其他雜誌上發表他的預測。每年年初，他都會說出他對未來一年每一季股市走勢的看法。目前為止，他沒說錯過。他預測一九六六年前三季會出現急劇下跌，最後一季則會出現可喜的小幅攀升。他正確預見了一九六七年的牛市，並精準預言空頭市場將在九月一日前後出現。他準確無誤地預言了一九六八年逐季的N字型走勢。一九六九年開春第一天，他建議市場參與者出清所有持股

16 譯註：今為紐約中央凱悅大酒店（Hyatt Grand Central New York）。

或者做空；事實證明，這是絕佳的建議。他預測熊市將在一九六九年十二月創下全年最低點，並會在一九七〇年的頭兩季持續觸底或進一步下跌。

一九七〇年初的那日午餐會上，大衛．威廉斯給了我一份直到一九七一年底的逐季預測。他還提供了一些一九七二至一九八四年間關於主要市場波動的模糊預測，你可以在本書的第十二章找到這部分，以及其他非理性方法的預測結果。

你能認真看待這些預測嗎？照理來說該遵循 SEC 那句枯燥的警語：「不應假設……」然而，就連《商業週刊》（*Business Week*）這本務實且常抱持尖酸懷疑態度的雜誌，也坦承對威廉斯的紀錄感到驚訝，並且感動到願意向他們的高階主管讀者介紹威廉斯。《華爾街日報》（*The Wall Street Journal*）也是如此。威廉斯的其他預測，就和他的市場預測同樣令人震驚，儘管尚未發表，但已有詳細記錄。在一九六〇年八月四日的一場私人晚宴上，他預言約翰．甘迺迪（John Kennedy）會當選總統並於任內去世。當時紐約聯合愛迪生公司（Consolidated Edison Company of New York）的六名高階主管都圍坐在桌旁。威廉斯將預言寫下了來，眾人都在上面簽名並註記日期。我已檢查過該份文件，雖然我很想挑戰其真實性，卻找不到任何可以挑剔的地方。（為什麼我想挑戰？大概是因為面對那些我不能理解的東西時，我就是覺得渾身不對勁。）

在我們這趟旅程中，你會遇到許多其他的天文觀測者（他們並非每個都自稱占星師），有些人的紀錄和威廉斯同樣出色。我之所以優先介紹威廉斯，是因為他的方法和原理，基本上是最容易解釋的。占星術這門學問，你想要多複雜，它就可以多複雜。不過，在威廉斯的案例中，其預測技術的主要框架是個迷人的簡單結構。

傑西．李佛摩、T．O．杜利及其他「感應型」，往往對自己的奇特才能感到困惑。他們很難想出一個令人滿意的解釋。李佛摩從未真的嘗試解釋這點；杜利做了嘗試，但也坦承自己的說法僅止於理論。然而，大衛．威廉斯則與其他大多數的「儀式型」一樣，非常肯定自己知道為什麼其預測會是正確的。

電子情緒理論

威廉斯一邊啜飲雪利酒，一邊告訴我，一切都要從一九五〇年代中期開始說起。當時他是聯合愛迪生公司（人們對該公司的愛稱是「聯愛」）的高級工程師，要負責採購電纜以及其他昂貴的耗材。正如所有採購主管一樣，他也為價格的波動煩惱。他的工作，就是要估算公司未來幾年可能需要多少電纜，並嘗試在價格低點時買進。「那就很像在玩股票，」如今他回憶道。

他當時尚未涉獵占星術或其他神祕學技藝。他嘗試用理性方法來預測電纜的價格走勢。他研究了各種因素，像是銅礦產量等，成果卻只能說是表現平平。他的預測一次又一次地被那些無法理性預測的事件打亂：罷工、戰爭、個別公司和產業的時運變化等。

威廉斯開始尋求新的方法來預測這些不可預知的事物。他研究了各種經濟預測方法，然後進展到研究更廣泛的預測。「當時我心裡並沒有特定的目標，單純只是被勾起了好奇心。」在研究過程中，他得知了RCA通訊公司（RCA Communications, Inc.）的物理學家暨無線電專家，約翰・H・尼爾森（John H. Nelson），正在進行一些有趣的研究。尼爾森（他不是占星師，如果有人這樣說他，他會生氣）多年來始終在努力解決一個問題：短波無線電通訊的效果，為什麼在某些日子裡會比其他時候來得好。人們很早就知道，無線電的傳播會受到地球磁場變化的干擾。人們也知道這些變化，某種程度上和太陽上的擾動，也就是所謂太陽黑子（sunspot，一譯日斑）有關（他們實際上不是什麼斑點，而是巨大如颶風般的東西，有的直徑甚至比地球本身還大）。隨著太陽黑子的數量增加，無線電通訊的狀況也會變差。當太陽黑子消散，通訊就會恢復清晰。

許多科學家嘗試去預測太陽黑子數量的波動，但尚未有太大成果。約翰・尼爾森承繼了一些早期太陽觀察者的工作，推測周邊行星圍繞太陽的運行，可能與此有關。他認為，也許行星引力的調整與推移，會對太陽造成潮汐般的效果，如同月球對地球海洋造成的影響。這些效應可能導致太陽黑子與其他太陽擾動的形成。

尼爾森追溯往年紀錄來驗證這個理論，並獲得證實。每當行星移動到與其他行星和太陽的特定相對位置上時，太陽黑子的數量就會增加，地球上的無線電干擾也會變得更嚴重。雖然並非每次都這樣，但已有足夠高的相關性，能滿足尼爾森的科學精神。最終，利用這些數據，尼爾森能以超過八成的準確率，來預測無線電通訊效果的週期好壞。

這讓大衛・威廉斯很感興趣。出於他如今也說不上來的某種原因，威廉斯大費周章地翻閱大量有關太陽黑子的科學文獻。他發現有幾位學者指出，太陽黑子與地球上的其他現象存在明顯關聯。一位植物學家將太陽黑子與樹木的生長聯繫起來：太陽黑子很多的年份，樹木似乎長得比較慢。氣象學家發現太陽黑子與天氣的長期變化有關：在太陽黑子最多的年份，天氣往往變得更加極端。就跟無線電傳播一樣，這些現象顯然與太陽輻射的變化有關。

思考這個問題的過程中，威廉斯某天突然有了一個瘋狂且跨度極大的猜想。如果太陽的變化會影響到地球上的其他事物，那麼人們的情緒，是否也會受到影響呢？

這想法怪歸怪，某種程度上也有道理。人類的神經系統，包括大腦，都是透過微小的電子脈衝運作。太陽輻射與地球磁場環境的變化，可以想見（只是勉強能想見）會對人的身心帶來微妙變化。人們可能因此在某些時期變得緊張不安、急躁、悲觀，容易有錯誤的判斷。這種時期在經濟上的體現，就是股市暴跌或商業衰退，又或者兩者兼而有之。

威廉斯開始回顧過往紀錄。「起初這只是個瘋狂的理論。我並不期望這真的會有什麼意義。」然而讓他大吃一驚的是，事實確實如此。他追溯到十八世紀的歷史，結果顯示，除了少數例外情況，某些行星相位意味著繁榮，有些則意味著蕭條。

他發現到，主要的長期經濟週期，似乎與木星、土星和天王星這三顆最大行星的運行相符。主要週期內的較小波動，則與體型較小、移動速度較快的內行星（火星、地球、金星與水星）的運行相符。

「於是乎，我似乎就有了一個相當準確的經濟預測工具，」威廉斯一邊嚼著他的主廚沙拉，一邊跟我說。「我發現自己能預測長期走勢、也能預測短期走勢，最短是幾個月。一開始，我用這系統來為聯愛購買電纜。然後有人問我：『何不把它用來為你自己賺點錢呢？』於是我投入了股市。」

他相信，自那時候起，他就已經完善、改進了這個系統。他找到一種將其與傳統占星術（像黃道帶之類的）以及理性市場預測方式相結合的方法。一旦他確定了市場的走向，他就會再利用理性的顧問服務，也就是基本面的信徒「價值線」，來幫他挑選個股。

聽著他所說的這一切，我既為之著迷又感到困惑。我真不想相信他，但你又要怎麼和一個十一年來未曾猜錯過的市場參與者爭論呢？

長頸鹿效應

好吧，也許你還是有辦法爭論一下。比如，你可能會說大衛・威廉斯總是正確，單純是因為他很幸運，或者出於其他原因，跟占星術可能沒有關係。

這是我們在神祕學之旅中會經常遇到的一個問題。當你和一個神祕學的信徒交談，他跟你說了他所有正確的預測，就算他能提供證據，你也不該立即相信。因為他很可能搞錯了其中的因果關係。就好像有個人站在市中心的街角，一邊揮舞手臂一邊大喊：「走開！」一位女士走上前來，問他為什麼這麼做。這傢伙說，是為了趕走那群長頸鹿。「但我沒看到這裡有長頸鹿啊！」女士反駁道。「所以我幹得很好，不是嗎？」那傢伙說。

因此，在我接受大衛・威廉斯告訴我的一切之前，我得要對占星術有更多一點的了解。如果它確實有用，那麼是什麼讓它有這般功效？而如果沒有，那就……我做了點研究，發現了一些奇怪的事。如果你想學習如何利用占星術，在市場上大賺一筆，請參閱附錄中的入門課程。與此同時，讓我們回到華爾街，看看那裡還有些什麼故事。

馬上好運男

大衛・威廉斯的方法是預測是市場的整體趨勢，他不太用占星術來挑選個股。但其他絕大多數的占星師則會這樣做，他們的方法被稱為「企業占星術」。

就像用在個人身上那樣，他們也用相同的方式幫公司繪製星盤（公司成立或合併的日期，就視為公司的生日）。他們會根據星象顯示，找尋那些即將賺大錢的公司。

一位自稱「佐拉」（Zolar）的紐約占星師就是這類人物。他將企業占星術和威廉斯的市場總體占卜方法做了結合。他會預測市場往哪個方向走，並去尋找在這方向上走得最遠的公司。

「佐拉」本名布魯斯．金恩（Bruce King），是一位脾氣暴躁但大體來說算和藹可親的紳士。幾乎禿頂的他，僅在耳上有圈雪白的頭髮，嘴上留著白色鬍鬚，常常抽著一支香氣四溢的雪茄。他在曼哈頓靠西邊的第五十二街上、一間滿是灰塵且非常凌亂的辦公室裡，從事他的深奧事業。他出版了幾本神祕學雜誌，販售奇特的藥草與香料。像是「馬上好運粉」（Fast-Luck Powder）以及「征服者高約翰油」（Hi John the Conqueror Oil）[17]。他說的任何一個字，我都是全然不打算相信的。（畢竟，馬上好運粉耶！我的老天，你能夠相信一個在賣

17 譯註：征服者高約翰是胡督（Hoodoo，或譯胡毒）信仰的傳說人物，是一位曾被捕至美洲為奴的非洲部落王子，他憑藉智慧與力量，協助其他奴隸取得合理待遇或擺脫奴隸身分。在胡督傳統中，征服者高約翰也被用以指稱球根牽牛（*Ipomoea purga*，一譯瀉根）的根，可做為巫術材料，常被用於賭博的幸運物。前述之「馬上好運粉」亦是源自胡督巫術體系的產物。

馬上好運粉的人嗎？）但不知為何，我對他慢慢有了好感。最終，在我確認過他的書證與人證後，不得不承認他在股市方面的故事值得一聽。

佐拉已經投身股市多年，並賺到了令人羨慕的數字（其在美林證券的經紀商是這麼說的）。他也從私人市場顧問服務中，獲得了可觀的收入。在他的大批客戶之中，至少有兩位公司總裁和一家華爾街大型銀行的副總裁，每人每年付給他兩百美元，來換取他的市場占星建議。我訪談到客戶們大多相當滿意。「要不是他，我才不會買那些細價股，」一位銀行主管說。「我可以大方地承認：他讓我變得富有。」

想當然，佐拉不會把不滿意的客戶介紹給我採訪。我沒有很好的辦法去找出有多少不滿意的客戶，或者確認滿意與不滿意客戶的比例到底是多少。不過，我能夠查核佐拉提供的某些市場建議，其中有些讓我瞠目結舌。

比如在一九六九年夏天的某個時候，佐拉跟他在美林的窗口說了個可怕的預言。「市場要大幅下跌了，」佐拉一臉憂鬱地說。「它會一路下殺到很低的位置，並在明年五月下旬到達最低點。」

之後，道瓊指數令人震驚地從近九百點的位置一路下行。當時指數才剛艱難突破九百點，許多線圖專家很快就失望地將九百點視為某種「阻力位」。如今每個人都想知道，指數究竟會下跌多少。「你覺得會跌到八百點嗎？」窗口問佐拉道。

「低於八百點。」佐拉回答。

窗口不願相信。在那個時候，指數距離八百點似乎還有很長的路要走。在那個充滿希望與天真的夏天，華爾街上的人們猜想的是，道瓊指數在今年稍晚趨於平穩前，離八百點會有多近。指數跌破八百點並在接下來一整年都持續下跌，這對人們來說是幾乎是想像不到的。只有少數非常、非常悲觀的理性派專家，他們認為七百七十五點上下，是個可能的低點。

於是那位美林窗口，開始試著和佐拉這位抽著雪茄的非理性派爭論，說他的占星預測並不合理。

佐拉拒絕讓步。「你現在可能還不知道，」他說。「但我們正處在你我見過最糟熊市的開端。你等著瞧。道瓊指數將遠低於八百點，甚至可能跌破七百點。」

「而且直到明年五月之前，我們都看不到最低點？」經紀商不滿地問道。

「是的。這就是我逐漸出脫乾淨的原因，也許你已經注意到了。」

歷史紀錄證明，佐拉是對的。在無法理性預測的絕望深淵中，道瓊指數於一九七〇年五月二十六日，跌至六百三十一．一六點的最低點。一如這位觀星者的預言。

對於個股的走勢，佐拉也做出了一些令人著迷、且有實際獲利的預測。他的《公開星相雜誌》（*Official Horoscope Magazine*）在一九六七年預測安費諾公司（Amphenol Corporation）的股價即將迎來大幅飆升。確實如此。同年九月一日，該公司股價為二十七美元，一個月後就來到了四十四美元。

一九六八年中有個更令人讚嘆的案例。當時這位叼著雪茄的觀星者告訴他的一些私人客戶，買進葛洛夫出版社（Grove Press）。當時該公司股價約七美元，而且看來沒有什麼短期飆漲的可能。葛洛夫當時是一家規模不大也不穩定的出版社，專門試探美國猥褻法的底線，有時成功，有時失敗。然而佐拉在其星相中的某個地方，看到其即將迎來耀眼勝利的跡象。這場勝利以一部鮮為人知的歐洲電影形式出現。葛洛夫出版社取得了該電影的美國發行權，那部電影就是《好奇的是我》（*I Am Curious (Yellow)*）。它成為了當時電影史上票房最成功的其中一部作品。這讓那些持股者的資金，在半年多一點的時間裡翻了五倍。

以那位銀行主管為例，他投入五千美元，並拿回了兩萬五千美元，僅僅七個月的時間。正如他興奮地指出：「剛好是一段足以取得長期資本利得的時間。」

這位我們前面提過的銀行主管，就認為佐拉是最優秀的夥伴。

華爾街母老虎

另一名也許取得了更加耀眼成就的占星師，名叫瑪德琳・莫內（Madeleine Monnet）。她是一位四十多歲、極為優雅迷人的女士。她離了婚，前夫離開時沒留多少錢給她。她有的只是個小小儲蓄帳戶，一小筆種子資金，讓她能投入股市耕耘。她播種，她收割，如今的她在堪薩斯州有個家，在紐約州拉奇蒙特（Larchmont）也有個家。還有一輛凱迪拉克、一件貂皮大衣、一大堆鑽石，以及一個平靜的期望：她希望自己在死前能成為百萬富翁。[18]

「是占星術讓我擁有了這些，」她告訴她的客戶與學生。和佐拉一樣，她也提供個別的股市顧問服務。同時她還開設團體占星課程，傳授這套市場導向的觀星法門。

「我說出口的，就是我有實際投入資金的，」她說。這一點讓我打從一開始就認真看待

18 譯註：據《芝加哥論壇報》（*Chicago Tribune*）於一九八七年二月刊登的訃聞，其本名為瑪德琳・布蘭奇・雅庫托（Madeleine Blanche Jacoutot）。據其友人芭芭拉・巴特利克（Barbara Bartlik）聲稱，瑪德琳始終未能達成其最終期望。

她。（當然，也是有很多非理性方法使用者，他們嘴上說的和實際投入的差得很遠。他們告訴你在市場上該怎麼做，但他們自己並不敢做。）「我的品味非常奢侈。講白了就是我需要很多錢，才足以支撐我喜歡的生活風格，而我從股市裡賺到這些錢。」

一本占星師雜誌曾邀請她寫一篇該主題的專文。她為該篇文章取了個有點傲慢的標題，「一手好牌，玩轉市場」。從那時起，人們就拿這句話來開她玩笑。但是，或許這股傲慢其來有自。當瑪德琳．莫內進入市場，她手上拿著的，就是華爾街上所能取得最接近好牌的一副手牌。

她不會總把錢留在市場上。她是那種積極進出的類型，通常出場比進場多。她的方法是靜候屬於她的時刻，觀察並等待。她尋找在占星學上看來全然正確的情況，全神灌注地研究各家公司的歷史，大量繪製星盤，耐心尋找恆星與行星之間、那些對她而言意味著「一手好牌」的罕見組合。與此同時，她的錢則安然存放在儲蓄帳戶中。最後，她找到看來非常完美的一家公司、一個情境，於是她猛然撲了上去，如同一頭耐心、飢餓的母老虎終於等來了她的獵物。她傾盡全力發動攻勢，就在那一支股票上，一次買進數百或數千股。之後，當那個情境逐漸消失，她便再次收回她的資金，回到那等待、觀察的遊戲……

「耐心啊耐心，」她說。「這就是你最需要的東西。好牌不是每個月都會出現，甚至也不是年年都有。」她自一九六五年起涉足市場，期間只進行五次重大投資。（還有其他許多牌面看來不錯但還不夠好的情況，這類股票她就只會少量買進。）在她的五次主要投資裡，她的經紀商都試圖勸阻她，不要一次在這單一支股票上投入這麼多錢。但是每一次，這些股票都在六個月內翻了一倍或者幾乎翻倍，其中包括伊士曼柯達（Eastman Kodak）、辛辛那提銑床（Cincinnati Milling）、霍尼韋爾等公司。

我在一九七〇年中採訪到她。那時她正耐心地按照字母順序瀏覽著公司列表，就像她過去多次做過的那樣，找尋著那完美的方案。她已經翻到了G開頭的部分。她的錢還在儲蓄帳戶裡等待著。「到目前為止，看起來都不太理想，」她跟我說，且有點難過地嘆了口氣。但她有的是耐心。她會觀察並等待，終有一天會再次強勢出擊……

研究部門

喬．拉魯（Joe LaRue）是古博迪經紀公司（Goodbody & Co.）的全國業務經理。某天，他在華爾街的一家豪華酒吧裡，思索著占星術的事。三十八歲的拉魯是個理性且極其聰明的人。（他是門薩會員。門薩是個由智商在一百四十以上的人所組成的團體。）他正煩惱著能否從知識的角度去理解占星術。他實在不願相信，卻也無法對它嗤之以鼻。

「讓我感到困擾的是，」他說。「我無法用事實加以反駁。我希望我可以，那樣我會好過一些。」

他回憶道，在他的經紀商生涯中，曾服務過幾位會占星術的客戶。「大約五年前，我在底特律做經紀商時，遇到了其中一位。他帶著個巨大的公事包。當他問我比塞洛斯－伊利（Bucyrus-Erie）這家公司的成立日期，也就是出生日期時，我就猜到他是個占星師。我告訴他，自己還有幾位同樣是占星師的客戶後，他話匣子就停不下來了。他跟我說了他的方法，我著實不願相信，但是……」

事實證明，這位觀星者的預測出奇正確。在大多數理性投資人只看到未來的美好時光時，他卻特別擅長發現市場漸入低迷的跡象。喬・拉魯對此印象深刻，並將觀星者的預測記錄在了線圖上。這位占星師預測，道瓊指數會在一九六六年二月至十月間，下跌百分之二十二，而在一九六八年十一月至一九七〇年五月之間，會出現百分之三十六的災難性跌幅。他還洞見了一些較小的漲跌幅，並以驚人的準確度預測了一些個股的走勢。

正如滿臉不悅的喬・拉魯所說，這些都是事實，均有紀錄，無可爭議。

「我並不打算建議華爾街的經紀公司放棄他們的研究部門，」那天午餐時他沉思道。「但這傢伙的紀錄，比我所知道的任何研究部門都還要好。我該怎麼想？」

究竟該怎麼想？看來理性的人只剩兩條路可走。他可以選擇相信占星術，或者，他可以將其解釋為長頸鹿效應所導致的巨大錯誤。

VI

報信的鬼魂

Useful Ghosts

來自蒙特克萊的一封信

全國投資俱樂部協會（National Association of Investment Clubs，簡稱NAIC）[19]是一個頑固地以基本面導向為尊的團體。它鼓勵旗下一萬四千個會員與俱樂部在買進公司股票前，先行研究有關公司的「基本」實際情況。它很少關注線圖等技術派的市場祕技，遑論那些用於市場的神祕學方法，那對NAIC來說，光想到就讓他們不寒而慄。

然而，正是透過這個絕對理性的組織，讓我遇到了（或者說得更準確點，幾乎遇到）生平頭一個能預測市場的幽靈。

我和查理．摩爾（Charlie Moore）一直有往來聯繫。他是個幽默、沉著的人，負責主編NAIC旗下出色雜誌《更好的投資》（*Better Investing*）。他告訴我，儘管NAIC嚴格奉行基本面哲學，但他有時也會收到一些俱樂部成員來信，聲稱他們開發出了某種神祕的市場手段，或者在市場遊戲的過程中得到某種不請自來的通靈體驗。這讓我有了個想法，我問查理是否願意在他的雜誌上刊登公告，邀請讀者來跟我講述他們的經歷。「沒問題。」他說。該則公告刊登於一九七〇年的七月號。

其中一封回覆來自紐澤西州蒙特克萊（Montclair）的一位老太太。信裡頭的她聽起來很冷靜、理智且有學養。她說，在她漫長的投資生涯中，時不時地會從「似乎是鬼魂」的東西那裡，獲得市場提示。

於是我前往拜訪。

湯瑪斯的故事

克萊兒．尼爾夫人（Mrs. Clare Neal）是位寡婦。她的丈夫於十二年前逝世，留下價值約一萬六千美元的股票給她管理。她說，在這十二年裡，她已賺進了約七萬美元（她的經紀商證實了此一說法），且是在鬼魂的幫助下。

她和女兒、女婿住在一棟巨大的老房子裡。同一條街上還有其他幾間巨大的老房子。這些房子大多建於世紀之交（一九〇〇年前後），宏偉的三層建築，有的極其華麗，有著露臺、

19 譯註：該組織成立於一九五一年。現已更名為全國投資者協會（National Association of Investors），是一個推廣投資教育且至今活躍的非營利組織，並以「更好的投資」（BetterInvesting）之名為人所知。

山牆和塔樓。杜鵑花和其他灌木生得又密又高，幾乎遮住一樓的窗戶；整條街上都有著古老高大的楓樹、槭樹遮蔭。

尼爾夫人於一九五八年帶著她的狗，布朗尼（Brownie，後來去世了），搬到了這裡。她每天遛狗三趟。善交際又健談的她，很快就與街坊鄰居成了朋友。這裡的鄰居組成有趣且多元。不同於那些容易吸引高同質性公民的新興郊區，這裡的鄰里有各種年齡層與不同背景的人。有帶孩子的年輕家庭，也有沒孩子的年長家庭。有隨著公司調任、來這兒住幾年就要搬走的，也有已在此生活了兩個世代的家族。

街區轉角有戶奇怪的古老家庭，引起了尼爾夫人的好奇。這棟老舊的灰色房子裡住著一名年輕女子、一個小孩、一名年約七十的婦人，還有一名中年晚期的男子。尼爾夫人得知，男子未婚，是老婦人的兒子。年輕女子則離了婚，和那對母子有較遠的家族關係。孩子是女子的，是個女孩。

這一家人獨來獨往。鄰居們對他們四人知之甚少，除了在鄰里間的雞尾酒會上偶有猜測之外，也不怎麼關心。那小女孩名叫珍妮（Jenny），倒是相對好相處，能和街上其他小孩玩在一起。她的母親，那位年輕的單親媽媽，每次一離開就是幾個星期，人們很少看到她。老婦人被珍妮稱呼為愛蓮娜姨婆（Aunt Eleanor），在和煦的日子裡，有時會坐在前廊上，但絲毫沒有與鄰居打交道的意思。中年男子同樣冷漠，他似乎沒有固定的工作，人們經常看到他在照料他家的灌木、草坪和花壇（所有鄰居都認為他是個出色的園丁），但他似乎也沒有與人交談的意願。當有人打招呼，他會禮貌回應，但就僅止於此。中等個頭的他身材瘦削，有著一對黑眼珠、一雙長而蒼白的手，以及夾雜著幾縷灰白的黑色捲髮。他讓尼爾夫人聯想到演員詹姆士・梅遜（James Mason）[20]，「只是更瘦一些」。小女孩提到他時，會稱呼他「湯瑪斯舅舅」（Uncle Thomas）。

尼爾夫人為人友善，但寡居的她也發現，自己既無聊且常感孤獨。「我開始對那一家人感到好奇，」她回憶道。「該說好奇嗎？嗯，好吧，我就直說了，應該叫好管閒事愛打聽。我想知道他們到底是怎麼樣的人。了解他們，成為我的一種嗜好，我就是那種愛管閒事的老女人……」

也不知怎麼的，尼爾夫人做到一件其他鄰居從未做到的事：她與孤單的湯瑪斯建立起一

20 譯註：生於英國的好萊塢知名演員，以形象優雅的反派角色聞名，曾出演希區考克的《北西北》以及庫柏力克的《一樹梨花壓海棠》等電影名作。一九八四年逝世。

種或多或少的友善往來。也許是她自身的孤獨吸引了他，他每天都會見到尼爾夫人，帶著布朗尼巡邏她的寂寞轄區。高高的水蠟樹籬，隔開了湯瑪斯家的前院和人行道。起初，他們隔著樹籬相互打招呼。接著，尼爾夫人開始詢問他花園的事，而這花園顯然令他自豪。湯瑪斯的冷漠漸漸軟化。

「有時他會邀請我去看看他在種的東西，」她回憶道。「到了最後，有幾天他甚至專門在等著我一般。我看到他就站在那，隔著他的樹籬望著我。他會迫不及待地要給我看些什麼東西，或者跟我請教些事情。他是個奇怪、悲傷的人，但我真的很喜歡他。」

有時，他們的談話也會轉移到園藝以外的話題上。一天下午，尼爾夫人提到她花了一個上午的時間，和經紀商討論她的股票投資組合，這似乎引起了湯瑪斯的興趣。他說自己也對股市很有興趣，儘管他並不那麼積極投入。「我曾經很投入，但現在不是了，」他說。「如今的市場讓我害怕。」

她逐漸了解到湯瑪斯生活上的一些主要活動。他從不主動透露細節，只是偶爾暗示一下。有次他說起，自己年輕時「差點」結了婚，他說這話時，眼神裡帶著明顯的不悅，讓尼爾夫人推斷（或者如她自己所說，是想像），湯瑪斯生命中的某一部分，在那時就已悲劇地結束了。還有一回，他暗示自己許久以前的戀情，不知怎麼因錢的事而結束。「錢也可能是敵人啊，尼爾夫人，」他悲傷地評論道。在另一次談話中，湯瑪斯向尼爾夫人部分解釋了他對股市的緊張態度。「我曾經很有錢，」他說。「我的父親留給我很多東西。只是我犯了一些愚蠢的錯誤。」

從這個及其他暗示中，尼爾夫人推斷出他在市場上遭受了災難性的損失，而他的戀情結束，在某種程度上和這場災難有關。「在我看來，」尼爾夫人回憶道，「這場市場災難是他人生中的一件大事，也許是最大的一件，把他給擊倒了，甚至某種程度上把他打殘了。從此之後，他再也沒能站起身來面對這個世界。我能看出，他獨自在花園裡，思索著這件事。」

善良的尼爾夫人覺得，自己的陪伴對他而言有些好處。她是湯瑪斯的傾訴對象，或許還能讓他覺得在這世上不那麼孤獨。

一九六一年夏天，湯瑪斯過世了。小珍妮作為鄰居們唯一的家庭消息來源，她說她覺得湯瑪斯舅舅好像是死於「心臟釘」（heart tack）。此後，這個古怪家庭就此在其標誌性的沉默中銷聲匿跡。

尼爾夫人感覺到莫名地孤獨。湯瑪斯對她而言，明明不過是個有些疏遠的友人，但她發現，自己非常想念那個陰鬱寡言的男子。「每當我和布朗尼走過那棟房子時，我都會感到一陣悲痛。」

一個企業流動員工的家庭租下了那間房子，住了一年後就搬走了。之後，另一戶年輕家庭在一九六三年初買下了這裡。

湯瑪斯去世後，尼爾夫人一直注意到一件奇怪的事。通常，當她帶著布朗尼行經那棟房子、進行當晚最後一次遛狗時，布朗尼會沒來由地激動起來。牠在水蠟樹籬周圍嗅來嗅去，就像狗兒興奮時那樣，快速地忽動忽停。起初尼爾夫人以為有花栗鼠還是其他動物在樹籬下築巢，但她也從未看到過。之後，布朗尼的行為變得愈發引人注目，牠會面向樹籬站立，背毛豎起，發出低吼或者短促、高亢的叫聲。

「我不是個迷信的女人，」尼爾夫人堅持道。「喔，我是看過那些據傳為真的鬼故事，我也願意退一步相信，死者的靈魂可能回來拜訪我們。但在此之前，對於那些種種方法，我從未特別感興趣。我是說，我不是那種會透過加入神祕結社或造訪招魂術士去和亡夫交談的那種老瘋子。我喜歡和活人聊天，而不是和鬼魂。所以一直到很久以後，我才想到，布朗尼可能，嗯，看到或感覺到，有個鬼在那裡。一開始我也覺得這個想法很好笑。畢竟很多時候，我們經過那棟房子時什麼事也沒發生，不論日夜。直到一天晚上，布朗尼又開始煩躁起來，我想知道……」

尼爾夫人此時的投資事業雖說不上特別成功，但也算發展順遂。丈夫過世時，她對股市還沒什麼了解，可自那之後她學到了很多。她的市場策略愈發激進。「我用自己從市場上賺到的一些錢，給自己買了輛車，我想這讓我有些驕傲自滿、沖昏頭了。我本以為自己聰明到能放開手腳、大賺特賺，結果差點就要摔個狗吃屎。」

一九六四年初，她準備賣掉手頭上的一些藍籌股，並透過保證金交易買進價值約八千美元的第一特許金融公司（First Charter Financial）。這在當時似乎是個好主意。和其他經營儲蓄暨貸款業務的公司一樣，第一特許金融曾在一九六二年崩跌，並在一九六三年回升，然後又震盪、又回升。它的價格正緩慢爬升，前景看來一片光明。當時該公司股價略低於四十美元。尼爾夫人讀到的報告，以及向她提出建議的人（包括她訂閱的顧問服務）都讓她相信，到了一九六四年底，第一特許金融的股價會輕輕鬆鬆漲到六十美元，並可能在未來一兩年內翻倍。

一九六四年一月，一個寒冷風大的夜晚，尼爾夫人帶著布朗尼走過那棟灰色的老房子。

布朗尼又一次激動起來，開始對著水蠟樹籬狂吠。尼爾夫人用狗繩拍了牠一下，叫牠安靜。就在這時，她的眼角餘光看到樹籬後有什麼東西在動。

她望向湯瑪斯的花園。那晚沒有月光，在一片黑暗中，附近房屋窗戶透出的微弱燈光，讓她僅能隱約看出灌木與樹幹的形狀。除此之外，她還看見一道人形黑影。

然後她聽到一道微弱的聲音，恰恰蓋過樹林間的風聲。那聲音說：「別買第一特許。」

尼爾夫人就站在那裡盯著那片黑暗，她出聲道：「有人在那裡嗎？」

沒有回應。隨後，另一個遛狗的人出現在下個街角的路燈下，感到尷尬的尼爾夫人便匆忙離開了。

她沒有買第一特許。到了一九六四年底，她很慶幸自己沒有這麼做。該股從三月開始暴跌，當年它的價格幾乎砍半；到一九六五年也沒有起色，更在一九六六年跌至十美元左右。

經歷過那次事件後，好幾個星期，尼爾夫人都不敢經過那棟灰色的老房子。她會帶布朗尼去走另一條路。「但後來我對自己說，『瞧，克萊兒，你真是個白痴。』我認為這整個情節可能都是我的想像。就算不是想像，那個鬼魂顯然也沒有傷害我的意思。於是我又走回了老路。」

布朗尼似乎每週都會看到或感覺到那鬼魂一次，但尼爾夫人直到當年（一九六四年）的夏天之前，都沒看到樹籬後有什麼東西。在一個遠方醞釀著一場大雷雨的炎熱傍晚，那個可能是鬼魂的東西告訴她，買進華特基德（Walter Kidde）。

這個時候，鬼魂的頭一個市場提示（別買第一特許），已被證明是個安全的建議。但尼爾夫人還沒準備好照鬼魂的話下重注。因此，她只買了一百股的華特基德，每股十八美元。一九六五年初，華特基德的股價躍升至三十美元以上。到了年底，價格已超過四十美元。隔年年中，價格超過了六十美元。尼爾夫人在六十三美元的價位脫手。兩年時間，她就將一千八百美元變成了六千三百美元。

每隔幾個月，鬼魂就會在水蠟樹籬後現身一次，隨著尼爾夫人對鬼魂的建議愈來愈有信心，她投入的資金也就愈多。她的獲利也愈來愈高。

「我知道這整起故事聽起來蠢透了，」在我一九七〇年秋去拜訪她時，她這麼告訴我。「但說真的，我還能說什麼呢？成果真實可見，有白紙黑字的紀錄。」

她遞給我一小疊經紀商的書面確認，這些文件顯示，她在一九六六年股票分割前，以四十六美元的均價買進了林－特姆科－沃特公司（Ling-Temco-Vought，簡稱LTV），一年後以一百四十四美元的價格賣出，而後在一九六八年以一百零四美元的價位賣空，並於一九七○年在十七美元的價位回補。光是這一系列的漂亮操作，就讓她賺進兩萬三千美元。

「你可以否認鬼的存在，」尼爾夫人說。「但你無法否認這個。」

我同意。於是我問她，能否帶我去看看鬼魂出沒的地方。

我們步行前往。那是個溫暖、颳著風的夜晚，空氣中滿是秋天的氣息。人行道上的某些地方，枯葉深及腳踝。布朗尼於一九六六年逝世，現在尼爾夫人牽著的，是隻友善但很容易緊張的母西班牙獵犬，名叫特里（Terry）。特里在落葉堆上跳來跳去，歡快地搖晃著牠那粗短的尾巴。突然牠停了下來，前腳打開，低下脖頸，發出一種半是低吼、半是嗚咽的聲音。

牠面向著四呎高（約一百二十二公分）的水蠟樹籬。

「就是這裡，」尼爾夫人靜靜說道。

房子一樓的部分窗戶亮著燈，但上面兩層樓在天空的映襯下，顯得漆黑一片。那是一棟大而繁冗、風格凌亂的建築，周圍地面是黑色的，大片杜鵑和灌木叢生，更顯得黑上加黑。狂風在我們頭頂的樹上呼嘯著。

特里在顫抖，顯然對某樣事物感到激動，牠似乎無法決定是要拉著狗繩向前，還是往後退到尼爾夫人腳邊。

我望向那片黑暗，但除了灌木與樹木在風中搖曳外，沒有發現任何動靜。

「挺嚇人的，不是嗎？」尼爾夫人說。

「是啊。」

「你覺得我是個蠢老太婆嗎？」

「不，尼爾夫人，我不那麼覺得。」

這可能是個謊言。但我唯一能確定的是，如果尼爾夫人是個蠢老太婆，那她也絕對是很有錢的那種。

古怪教授萊茵哈特

「靈體當然能與活人交流，」艾爾・G・曼寧（Al G. Manning）說道。「沒錯，祂們能預見未來，包括股市的未來。」

艾爾・曼寧是洛杉磯一家奇怪小公司，ESP實驗室（ESP Laboratory）的總裁。該公司靠著出售有關金融和其他主題的神祕學讀物來盈利。曼寧是一位專業靈媒，就是自稱是現實世界與所謂鬼魂世界之間溝通紐帶的那種人。他的工作方法，是先讓自己陷入一種恍惚狀態；當他處於這種狀態時，鬼魂就會現身並透過曼寧的嘴來發聲，回答客戶的問題。嘴是曼寧的，但聲音不是，且總是帶著很重的德國口音。這個鬼魂的名字，叫做萊茵哈特教授（Professor Reinhardt）。

在訪問過尼爾夫人後，對於這些會預測市場的幽靈，我找到了更多相關訊息。我參加了一些招魂術士的聚會，讀了幾本靈媒的著作，其中也包括有名的艾琳・嘉瑞特（Eileen Garrett）的作品。（艾琳・嘉瑞特的真實性曾獲英美兩國知名大學科學家們的正式認證，他們說她確實能招來鬼魂或類似鬼魂的現象，其中一些甚至肉眼可見。）但我發現，絕大多數的招魂術士都虔誠地讓人難以忍受。「哦不！」他們用驚恐的語氣說道。「我們不能用我們的才能去預測股市，我們只為更崇高的精神價值服務！」我只能持續找尋，直到遇見艾爾・曼寧。

他解釋道，鬼魂顯然存在於一個時間是流體的平面上，這個說法，與紐澤西的市場感應者瑪莉・塔爾米奇很接近。曼寧接著說到，所以幾乎所有可稱為鬼魂的東西，似乎都能將過去、現在與未來，視為一條連貫的高速公路。我們絕大多數身在下方這理性世界的人們，只能看到過去和現在，彷彿前面有一堵厚厚的霧牆，把那高速公路未來的終點給藏了起來。要想穿透迷霧，其中一種方法就是和友善的鬼魂取得聯繫。雖然鬼魂也不總是能完美地洞察迷霧背後的一切（或者並不總是願意說出祂們所看到的），但能獲得祂提供的資訊，想必有總比沒有好。

那要如何與鬼魂取得聯繫呢？曼寧說，靠冥想。他說自己二十多歲、還年輕時，不只體弱多病，在事業與個人生活中也總容易犯下災難性的錯誤，是個徹頭徹尾的失敗者。他所觸碰的一切，似乎都會化為塵土。於是他開始獨處，透過冥想反思自己的生活，試圖弄清楚自己為什麼會落到如此這般地步。漸漸地，他冥想的範圍愈來愈大，他開始思考整個人生、推測可能的來世，並想知道兩者之間的聯繫。

「然後有一天，很突然地，我感覺到房間裡有另外一個存在。我感覺到這個存在始終在我身邊，但我以前從未向他敞開心扉。現在，我知道祂就在那裡，我日復一日去培養祂，試著讓祂告訴我更多關於祂自身的事。」

原來，根據曼寧以及其他鬼魂培訓者的說法，世界各地有數以百萬計這樣的鬼魂。（這些招魂術士從不稱祂們為鬼魂，而是「靈」（spirit）或「存在」（presence）。）通常，這樣的鬼魂會喜歡上某個人類，雙方甚至會或多或少形成寵物關係。人類可能知道、也可能不知道那鬼魂的存在，但如果那人是招魂術士，那他確實會意識到鬼魂存在，並將其視為「使魔」。每位招魂術士都至少有一個使魔，艾琳・嘉瑞特有兩個，其中一個還特別健談。

艾爾・曼寧開始能聽到其使魔的聲音，並最終得知了祂的名字：萊茵哈特教授。這位好教授從不多談自身的事，因此曼寧無法判斷祂作為人類時生活在何處或哪個年代，儘管從其口音中可明顯得知祂出身德國。顯然，這位教授多年來一直跟蹤曼寧，悲傷地觀察著他說不上成功的生活，但也不認為自己出手干預恰當或有用。不過，雙方既然已經相認，教授於是開始提供建議：該選擇這份工作而非那份、下個月要和誰誰誰保持距離等等。曼寧述說道，他隨後擺脫了低迷，生活逐漸順風順水，並終於開始享受到成功。他的疾病，一部分可能是身心症，也跟著煙消雲散。

在教授的建議下，艾爾・曼寧開始當起教授的傳聲筒，以標準招魂術士的流行作法，來為其他人提供顧問服務。（這邊說的「標準」，並不包含被問及股市問題時不會遮掩逃避的情況。）曼寧學會了如何進入恍惚狀態。其他人可以提問，教授則透過曼寧的嘴來回答。

「好吧，」當艾爾．曼寧告訴我這些事情之後，我說。「這聽起來幾乎不可能，能為我示範一下嗎？」

「當然，」他說。「問我一個問題，萊茵哈特教授會為你解答。」

我提出的問題是：「股市的近期前景如何？」提問（以及得到回覆）的當下，是一九七○年七月二十二日，星期三。整個過程都有錄音，錄音帶放在我辦公室的檔案櫃裡。

那日下午，在聖塔莫尼卡大道上的ESP實驗室總部裡，艾爾．曼寧躺在了沙發上。幾分鐘後，他似乎睡著了。他的女兒芙萊黛（Friday）與神祕學助理哈莉特（Harriet），詢問他是否已經準備好了。

「是的，伍們準備好了，」一個低沉緩慢、帶有喉音的聲音說道。那聽上去與曼寧自身的聲音全然不同。曼寧的聲音更高、更快，在口音與措詞上，都是純正的南加州風格。大多數靈媒處於恍惚狀態時，會用與自己不同的聲音說話。要麼這些聲音真就是鬼魂的聲音，要麼這些靈媒就是極佳的模仿者。

哈莉特向他提出了我的股市問題。

曼寧—萊茵哈特的開場白，聽來像在逃避現實般，令人失望。「伍們不應該把錢看得太重……」但接著他切入正題：「與仔同時，伍們也認識到了，不苦能忽視生活中的物質領域……」

說得好啊，教授！

他說，在接下來的幾週時間裡，市場不會有什麼令人很興奮的表現。（確實沒有。）可能會緩緩下跌，直到八月初或八月中。（確實。）然後，狀況重回自六月開始的夏季反彈（summer rally）。直到十月前都會向上攀升，但並不驚人。（基本上是如此，道瓊指數在八月底出現了一週驚人漲幅；但到了九月，看起來毫無生氣。總體看來，從八月十五日至九月三十日間，道指的表現是緩步爬升。）在接下來六週時間裡，航空股和鐵路股表現特別好。（確實。道瓊交通平均指數在這段時間裡穩步快速上漲。）但十月將是個糟糕的月份，老實說是今年最糟的月份之一。（確實是這樣。）

好吧，我始終以自己是個理性的人為豪，也覺得接下來要說的話有些蠢。但事實證明，如果你找到對的鬼，祂也許能以驚人的準確度為你預測市場。

VII

暗月之儀

By the Dark of the Moon

最詭異的投資俱樂部

佐爾坦．梅森（Zoltan Mason）的書店，位於紐約萊辛頓大道（Lexington Avenue）上[21]，是個古怪又隱約令人毛骨悚然的地方。這裡致力蒐羅心靈、魔法與神祕學相關書籍。該店對宣傳絲毫不感興趣。事實上，與其說是書店，這裡更像一座私人圖書館。它藏於一棟老屋的二樓，沒有櫥窗或其他任何形式的廣告。你得努力找才能找到它。最終，你會在一個陰暗、不明顯的入口處，看到一塊銅板，告訴你上樓就能找到一個叫梅森的人。銘牌上沒說梅森是誰，也沒說他是做什麼的。那些臨時隨意造訪的人，不會獲邀入內。佐爾坦．梅森不希望店裡有臨時起意的訪客或無聊行經此地的路人，這裡有點像是給信徒或入門者的私人俱樂部。

這就是我來此的原因，我想找到一些女巫。

佐爾坦．梅森身材矮小，膚色黯沉，說話帶著歐洲口音，神情嚴肅。當我跟他說我是一名記者時，他看起來很是不悅。他過去被一些記者傷害過，這些人要麼太輕視他懷抱的使命感，要麼就是過分誇大了其令人不寒而慄的一面。但在我安撫了他最初的緊張情緒後，他顯得彬彬有禮，樂於助人。

他說，當然，和其他城市（尤其是洛杉磯）一樣，紐約也有許多活躍的女巫集會；不過，他從未聽說哪個集會特別關注股市。當我告訴他，我曾聽說過一個這樣的女巫集會時，他聳聳肩。他說，每個集會都有各自傾向的神祕道途。巫術可以用在千百種目的之上，無論是善意的、惡意的或中立的。他，佐爾坦・梅森，沒辦法為我提供任何具體線索，但我可以瀏覽他所收藏的巫術書籍，以及請教其他可能入店的客人。

我瀏覽了，也請教了。最終，透過認識某人的某人認識的某人這樣一長串的關係網，我追尋到一個女巫集會，其不僅熱切關注股票市場，詭異的是，這團體也隸屬於基本面導向的全國投資俱樂部協會，是該協會的會員。

我把這件事告訴了查理・摩爾。你應該還記得，他是NAIC月刊雜誌主編。他起先難以置信，然後覺得好笑，接著感到好奇。查理・摩爾說：「你常會想，為何兩個俱樂部研究的是同樣的基本資訊，卻得出全然不同的結果。我是說，一個每幾年就本金翻倍，另一個卻總在崩潰邊緣。」他咧嘴露出困惑不解的笑。「你說巫術？我肯定會被詛咒，巫術耶！」

21 譯註：梅森書店（Mason's Bookshop）曾位於萊辛頓大道七百八十九號二樓，於一九八六年歇業。佐爾坦・梅森本人則於二〇〇二年七月逝世。

是啊，查理，巫術。這種事可能嗎？好吧，我也只能再次報告我的所見所聞。

一種力量的來源

巫術的神祕儀式裡，並不包含對金錢的固有偏見。在涉足這奇怪行業前，我心裡一直抱有一種觀念，也就是巫術有兩種不同類型：善良的白巫術，以及邪惡的黑巫術。事實證明，這是個錯誤的想法。就我的消息來源所說，巫術就像一把斧頭，可以用來把人們救出火場，也可以用來殺人。無論如何，這都是同一把斧頭，揮舞的方式也都一樣。斧頭並不關心自己被用來做什麼，它就只是一個工具。

巫術亦然。這些神祕儀式，只是被視為力量的來源。使用者可以自行決定要如何運用這股力量。它可以被運用於道瓊指數上，也可以用於其他任何目的。

這位「入市」集會的女祭司，煞費苦心地要我記住這些觀念。她是名三十歲出頭的年輕女子，沒漂亮到會在街上引人注目的程度，只是……嗯，很討喜。她看來絲毫不像女巫。在她臉上，看不到性情乖戾、難以取悅這類許多人（像電影製片）會將之與神祕技藝連繫在一起的特質。她告訴我，不從事巫術時，她在ＩＢＭ擔任祕書（老天，這一切愈發荒誕了）。她二十出頭就步入禮堂，但不到一年就婚姻破裂。她的名字叫伊莉莎白（Elizabeth）。

「你得先明白巫術到底是什麼，」她緊張的聲音裡帶著傳道者的熱情。「我出生時是衛理公會教徒，上過教堂、參加過相關活動。但所有主要宗教如基督教、猶太教、伊斯蘭教，都有個問題：他們都在壓制個體。那一套你也知道：你不過是可憐的罪人，生在世上只為接受考驗，進入天堂最好的辦法就是貧窮與謙遜。好，所以我打定主意，讓這一切見鬼去吧。我不是共產主義者，但我同意馬克思的觀點：宗教的重大意義，在於讓人們滿足於自身的貧困。一切都是骯髒的把戲。但你瞧，巫術可不一樣，它讓個體得到昇華，賦予你力量。它不只是給你上天堂之類的模糊承諾，而是給你『現世』裡能實際看到、摸到與使用的獎勵。」

「你的意思是，金錢？」我問。

「是其中之一。金錢、愛情、性，一切你想要的都算。」

「但這真的有用嗎？」

「當然有。我可不是別人說什麼就信什麼的傻瓜。如果我看不到成果，自然就不會參與其中、待在這裡頭。它當然有用。」

她試圖解釋巫術的根本原理。她將其視為一種群體的心靈感應（telepathy）。那些祕儀可能會、也可能不會召來惡魔或其他靈體，執行女巫集會的命令。在伊莉莎白看來，這並不重要。真正重要的是，儀式有助於將團體成員的注意力，集中到當前的目標上。「你聽過心靈感應嗎？下次搭地鐵時試試看，把你的注意力集中在對面的一個人身上，看能否讓他搔搔鼻子之類的。如果你夠專注，那他就可能照做。好，如果光憑一個人就能透過這種心靈感應的方式來施行其意志，那你想想看，一群人能做到什麼程度。這就是集會的運作方式。一群人，通常是十三位，透過集中他們的意志，來獲得他們都想要的結果。」

「儀式能幫助你們集中意志嗎？」

「是的。這些儀式可能看起來很蠢，但它們能讓每個人的注意力都集中在團隊目標上。」

「這在股市上有用嗎？」

「喔，是的。我們所做的，就是專注於我們買進的一些股票。我們想著，成千上萬的人被這些股票吸引，他們買進，然後股票上漲。」

「每次都成功？」

「經常。三次裡至少成功兩次。過去兩年裡，我們的錢翻了一倍。」

懷抱意圖勝過懷抱希望

這一切都令我難以置信。我問伊莉莎白，我能否參加一次女巫集會的聚會，觀察他們的成果。她說她必須諮詢其他成員（原來，他們都是住在曼哈頓上東城約克大道〔York Avenue〕附近的單身男女）。她不相信我會被允許觀察整個神祕儀式，除非我能說服每一個人，告訴他們，我是抱著開放的心態前來。「你的心態很重要，」伊莉莎白嚴肅地說。「我們不能讓你給房間帶來負面的心靈感應氛圍，這樣會搞砸一切。」

我告訴她，我已經準備好糾正我的心態。我指出，她所需要做的，就只是讓我看到一些成果。

她再次說要諮詢其他人的意見。一週之後，也就是一九七〇年三月十六日，星期一，她打電話給我，說集會已經同意向我展示他們的力量

她說，她會念一份包含十支股票的清單給我聽。其中八支是集會在上週五（十三日）有買進的。伊莉莎白說，集會的「意圖」是讓這八支股票的價格，在未來三週內大幅上漲，其中七支會上漲至少百分之十。剩下的一支，IBM，不會漲那麼多，因為「它太大了，太多

人持有，有太多其他影響施加於其上。如果能把它推高一點點，我們就心滿意足了。」

我問道：「那還有另外兩支呢？你剛剛說有十支股票的。」

她回答，集會的「打算」是，最後兩支股票的價格應該下跌。她說，為了平衡，集會在拉抬某些股票時，也總會拉下另一些。她試圖解釋這種「平衡」，但這對當時的我而言，沒有多大意義。最後，她讀出了這份股票清單，以及集會對每支股票的意圖。

我帶著負面的心靈感應氛圍離去，並找了公證人來見證這份名單，標明日期並蓋了章。

接下來的三週時間裡，就在我等著看女巫的魔咒如何發揮作用時，我多次嘗試讓地鐵上的人搔搔鼻子。在六次嘗試中，一個男的搔了搔鼻子，一個女的抓了抓下巴，而其他人就只是坐在那裡，彷彿沼澤深處的柏木樹幹。

靶心

當魔咒終於大功告成，我的心靈氛圍也不再那麼負面。以下是伊莉莎白的清單，以及這些意圖的最終成效：

約克大道集會的意圖清單

本意圖清單由「伊莉莎白」陳述於一九七〇年三月十六日，星期一，紐約市。抄錄於一九七〇年三月十七日，星期二。
自該日起，至一九七〇年四月三日星期五，收盤為止：

「美國汽車（American Motors）會漲百分之十或更多。」
（確實，漲了一又八分之三*，來到十一美元。）

「電訊公司會漲百分之十或更多。」
（確實，漲了十五又八分之七，來到一百三十三又八分之七美元。）

「威爾森運動器材（Wilson Sporting Goods）的權證會上漲百分之十或更多。」
（錯了，跌了八分之一，來到四又四分之一美元。）

「阿倫德爾（Arundel）會漲百分之十或更多。」
（確實，漲了五又四分之一，來到五十又四分之一美元。）

「易洛魁工業（Iroquois Industries）會漲百分之十或更多。」
（確實，漲了兩塊，來到十一又四分之一美元。）

「IBM 會漲『一些』。」
（確實，漲了六又二分之一，來到三百二十六又二分之一美元。）

「辛泰製藥（Syntex）會漲百分之十或更多。」
（沒有，跌了一個點，來到三十五又四分之一美元。）

「達創租賃（Datronic Rental）會漲百分之十或更多。」
（確實，場外交易買入價漲了一又二分之一，來到六又四分之三美元。）

「薩文事務機（Savin Business Machines）會跌百分之十或更多。」
（確實，跌了七塊，來到四十二美元。）

「費伯奇（Fabergé）會跌百分之十或更多。」
（確實如此，跌了九又八分之三，來到二十一美元。）

譯註：舊時美股報價，以十六分之一美元為最小漲跌單位。

十次射擊，八次命中靶心。我再次出發，看看能否學到更多關於市場巫術的知識。

女巫的大釜派對

蓋兒・庫恩（Gail Kuhn）是一名年近三十、身材高䠷、很有魅力的女孩，有著一雙迷人的綠色眼瞳。她有些朋友說，她光憑眼睛就能施展魔咒。也許如此。她自稱是個女法師（sorceress），同時也是名女企業家，在紐約經營一家巫術道具公司，叫做「女巫的大釜」（Witches' Cauldron）。（目錄商品包括：速成女巫套組，售價十八美元。）

「真心不騙？」我問她。「真的能透過巫術來影響股票嗎？」

她回覆得相當謹慎。由於她身處巫術行業，如果公開發表魯莽言論，可能惹得美國商業改進局（Better Business Bureau）與SEC等人不高興。她說：「我自己從未對市場施術過，但我看不出來這有何不可。如果巫術確實有用，那麼就和在其他地方一樣，它也能在華爾街上發揮作用。」

「巫術真的有作用？」

「我看過它起作用。」她告訴我，某天她對一名男性友人下了咒，結果他在一次短途旅行中就爆了三次車胎。她還說了些透過巫術治療男性陽痿與其他性事困擾的故事。從話語中聽得出來，她仍然保有判斷力，她不斷說到：「當然，這可能只是巧合……」但很顯然，她對自己這份奇特使命相當認真。

我看著她。她給我的印象，是個頭腦清醒的女孩。大學畢業、有文化修養、很聰明。她……嗯，就很理性。

「聽著，」她說，「別只聽我的一家之言，你該去認識一些其他的女巫，尤其是那些在華爾街上活動的。我會辦一場聚會……」

聚會辦在紐約一棟赤褐砂石外觀的公寓建築內。那是場規模龐大、喧鬧、擁擠的聚會，而且也挺怪的。

「你想知道巫術是否有用？」站在吧檯旁的一個瘦削紅鬍男子說道。「老天，當然有。只要你知道如何運用，你就什麼都做得到。怎麼說呢，今晚這兒有個女孩，可以想著一個男人想到他高潮。她就只需要站在那裡然後『想』著你，老兄啊……」

他正喝著伏特加馬丁尼，而且喝得很快。「他是認真的嗎？」我向站在一旁、膚色微黑的嬌小女子問道。

「非常認真。」她嚴肅地回答。

提摩西・格林・貝克利（Timothy Green Beckley）[22]是一位神祕學講師，也是非理性祕密社團中公認的史學家。他穿越嘈雜不休的人群，向我走來，「今晚這裡有各式各樣的市場女巫，」他說。「有著充足的巫術力量，來顛覆華爾街。」

我看著他，覺得他和蓋兒・庫恩一樣，本質上是理性的。也許還年輕且過於熱情，但他看起來神智相當清醒。我們聊了一會兒，他告訴我，據他估算，紐約有五千名巫術從業者，不分男女；洛杉磯的人數則可能是這數字的兩倍；其他城市則可能有數千人。

「你有投資股市嗎？」我問。

「還沒，」他說。「我還沒有啟動資金。但總有一天，總有一天……」

一名執業男巫翩然而至。（儘管字典裡將男性巫師定義為warlock〔可譯為巫師、術士〕，但他們已不再如此自稱了[23]。）他名叫雷蒙・巴克蘭博士（Dr. Raymond Buckland），臉上尖尖的黑鬍鬚讓他看起來挺邪惡，但本人倒是相當和藹可親。他告訴我，他隸屬一個活躍的集會，並經營著一家巫術博物館。「我某種程度上算是一名傳教士，」他說。「我傳播信仰。」

「信仰？」

「喔，是的。巫術並不只是一套用來賺錢或施展愛情魔咒的系統，對於一名真正的巫師來說，這是種宗教信仰。」

「但只要你願意，你還是可以用它來賺錢嗎？」

「當然。」他在昏暗、擁擠的房間裡揮了揮手。「我不認為現場會有沒錢的巫師。」

我不知道他是否在跟我開玩笑。那整個晚上，就是這般荒誕離奇。

蓋兒・庫恩走了過來，一身白色長袍，額上的頭帶懸著一個女巫五芒星——一個小小的銀色五邊形裡有個五角星。「我聽到雷蒙・巴克蘭談到『真正』的巫師，」她說。「你該知道的是，我並非純正的女巫。舉例來說，我並不會在正規的女巫集會裡施法。所以我自稱女法師而非女巫。」

「所以你能獨自施展魔咒嗎？」我問道。

22 譯註：他是幽浮學、超自然現象與各種奇異領域的知名倡導者，有幽浮先生（Mr. UFO）、怪異先生（Mr. Creepo）之稱。一生出版過兩百多本著作，二〇二一年去世，享壽七十三歲。他與作者相遇時，應年僅二十二至二十三歲。

23 譯註：本書原文中，男性巫師同樣採 witch 一詞指稱；僅在專指男性時特別標出性別，寫作 male witch。

「這是可行的，」雷蒙．巴克蘭說。「一群人一起施展，那心靈力量會強上許多。但只要經過充足練習，一個法師或女法師也是能獨力施法，並取得不錯的成果。」

我問道，黑魔法是如何施展的？法師又是如何影響市場上的股價？

「主要是透過一些視覺上的輔助，來集中你的心靈力量，」蓋兒．庫恩說。「這就是所有法術的基礎，你知道的。視覺輔助。你要做的就是找一些能代表那支股票的東西，也許是公司的商標圖案，也許是真正的股權憑證。你會在周圍點上蠟燭，也許還會準備一些其他全套用具。概念就是要讓你把注意力極端集中在那支股票上。你會用意志力促使它價格上漲，你會將它上漲的情境透過視覺顯化。也許你還會念誦一些咒語來幫你集中注意力。然後，如果你一切都做對了，那支股票就會動起來。」

我看向巴克蘭博士，他點了點頭。「巫術比大多數人想得還要強大許多，」他說。

幾分鐘後，一名高大、黑髮、戴著一副巨大藍色眼鏡的女孩，鬼祟地把我攔下。「你就是那個對股市感興趣的人嗎？」她問道。

我說是的。她說：「我給你看樣東西。」

她把我帶到一個角落，在手臂上掛著的小手提包裡摸索著（手提包的提把是看起來極不協調的超重鍊條），然後翻出了一張灰色的紙給我看。她大拇指壓住了紙張下方簽名處。那是一張六千美元的支票，由瑞士銀行的紐約分行開立。

「有些人會嘲笑巫術，」她說，「但給我這張支票的人知道巫術有用。他們不會為了沒用的東西付錢。他們可是商人。」

「他們開這張支票給你的原因是？」

「因為我們集會提供的股市服務。我們的客戶是一夥來自美國、德國與瑞士的投資人。」

我倒抽一口氣。「你們有很多這樣的客戶嗎？」

「目前只有這一組，」她一邊說，一邊把支票塞回我看不到的地方。「我們希望能爭取到其他客戶，但首先，我們得讓世界相信，巫術確實有效。」她冷冷一笑。「這就是我來找你的原因，我聽說你在寫一本書……」

在這荒誕氛圍下，當晚愈來愈像是一場惡夢。我感覺自己得喝上一杯，便走向了吧檯。那紅鬍男子還在和一名身高不及五呎（約一百五十二公分）的金髮女孩講話。和蓋兒・庫恩一樣，她額頭上也戴著一個銀色五芒星。「來吧，寶貝，『想』著我。」紅鬍男子說。

「喔，閉嘴，」她惱怒地說。

「『想』著我！」

「看在老天份上，別在這裡鬧。」

我問她是否是名女巫。她說她是。她名叫卡蘿（Carol），來自芝加哥，是某個女巫集會的女祭司，有時會施展市場咒語，來幫助一些集會成員。

我詢問她，能否讓我參與他們集會的聚會。

召喚帕南德里奧

所有透過窗戶往裡看的人，都會認為我們瘋了。這種想法或許沒錯。

我們現在身處芝加哥一棟寬敞、時尚的公寓裡，這裡屬於一位百貨公司的女性高階主管。現場十二人，包括十一名集會成員，還有我。這十一人身上除了幾件珠寶和飾品外，幾乎赤身裸體，而我不僅穿著整齊還披著件床單，只露出臉部。我背對人群而坐，透過鏡子觀看整個過程。之所以這樣特別安排，是為了防止我的「心靈力量」妨礙到其他人。據推測，心靈力量主要透過眼睛、性器官以及身體正面的其他區域發散而出。與光線不同，這種力量不會被鏡面反射，而是會直接穿過。女祭司卡蘿邀我參加聚會，前提就是我要恪守床單與鏡子的條件。「你不能直視我們，一次也不行，」她說。「你必須承諾，連一次也不行。」我答應了。

一般來說，女巫的身分都是高度保密的。事實上，保密本就是這異端團體的主要律法之一。這是有意提醒人們銘記過去，曾經，女巫們一旦被發現，就會慘遭酷刑拷問或送上絞刑架，又或兩者兼具。（如同過去的基督徒，女巫們也樹立起對往昔殉道者的記憶。）只是這種保密要求，常常和傳道這類散布訊息的願望相衝突。女巫和其他任何宗教的成員一樣，希望別人能看到他們所看見的真相。這也是卡蘿與她的朋友最終同意我觀看其儀式的原因。

在日常生活中，卡蘿任職於職業介紹所。她的巫名（witch name）叫做薩珈（Zayga）。在我所目睹的儀式中，她和其他集會成員只會以巫名來稱呼彼此。「這有助於我們與平日的自己做出區別，」他們如此解釋。

一個女巫集會在理想上要有十三名成員，但實際上很少如此。女巫集會就和橋牌俱樂部、童子軍委員會及所有團體一樣，都受制於人事的變幻無常。在這個特別的夜晚，由於一人感冒、一人出差，僅十一人到場，共五男六女。他們的年齡從二十出頭到三十多歲不等。

裡頭有三對已婚夫婦，其餘則都是單身。我們都小酌了一點，但沒人喝醉。

房間裡一片漆黑，神祕得恰到好處。地毯上用一段白色繩索，圍出一個直徑九英尺（約二．七公尺）的圓圈。成員們站在圈內，中間有張鋪著黑色布幔的小桌子，上面放著兩支搖曳著燭光的黑色蠟燭，一個點著薰香、散發著草莓香氣的金屬盤，一冊大本、黑色、經過裝幀的筆記本。（這是該集會的「影子書」〔Book of Shadows〕，裡面記錄著他們的咒語和法術，以及施法的成敗。）還有一個白鑞聖餐杯、酒壺及幾樣其他用具。

當天是一九七〇年八月十五日，星期六。

當嬌小的薩珈翻開影子書，開始用緩慢而熱切的聲音讀出其中的古怪胡言時，當晚活動即正式展開。每當讀完幾個單字，她就會停下來，其他集會成員則跟著她複誦這些單字。

「們阿，」他們念道。「遠永到直耀榮……柄權……」

我一直到很後來才知曉其中含意。他們在倒著念《主禱文》（*Lord's Prayer*），為方便發音，有些字做了調整。他們解釋，這樣做是為了讓他們從成長過程中的宗教傳統裡解放出來。「這帶有點象徵意味，」一位年輕人告訴我。「但更重要的是，它能幫你在情緒上做好準備，某種程度上有助於增強你的能量。在集會裡，我們做的很多事情可能看起來都很蠢，但情緒上的增幅加壓才是重點。你要讓自己的情緒高漲到一個程度，這樣心靈力量才會變得強大。如果你保持在日常的平靜心情裡，你是無法調動多少心靈能量的。」

儀式流程裡的下一步，是象徵性的鞭笞。薩珈繞著圓圈走了一輪，用一條小鞭子輕輕抽打每個成員的臀部。接著，一位年輕、巫名為呂山德（Lysander）的男祭司，也拿起鞭子以相同方式輕抽薩珈。正如他們後來向我解釋的那樣，這個儀式有兩個主要目的：既是象徵淨化，也是為情緒增幅加壓的一個步驟。

在某些集會裡，這類儀式也帶有直接的性目的。許多巫師，不分男女，從事這項行為的主要目的，就是為了參與性遊戲。有施虐／受虐傾向的巫師常會花很長時間鞭打對方。在其他集會裡，為嘗試召喚惡魔或魔鬼，他們會在儀式上撫弄彼此的生殖器，甚至毫不掩飾地交媾。正經的巫師其實並不反對這類行為，據說只要能達到心靈增幅的效果，做什麼都可以。但在絕大多數女巫集會上，這種直接的性遊戲都會留待稍晚才會發生，如果真有這環節的話。在芝加哥的那個晚上我留意到，集會成員們時不時會出現短暫的性興奮，但很顯然的，他們的心思大部分時間裡都在性以外的事情上。比方說，股票市場。

鞭笞之後，接著是親吻儀式。成員們共用一個聖餐杯飲酒，然後背誦一段簡短的互愛互助聲明：「我愛汝，汝亦愛我……手握著手，魂中有魂，力上加力……」與此同時，薩珈繞著圓走了一圈，先親吻每個成員的左頰，接著親吻右胸。當她吻完後，每名女子同樣吻了自己身旁的兩名男子。最後，每名男子也吻了自己身旁的兩名女子。

又經過幾個儀式流程，薩珈開始召喚一個惡魔一類的靈體，據說祂會幫助女巫集會施行魔法。此靈名叫帕南德里奧（Panandrio），是個有著極大力量，且（事實證明）對金錢有著誇張、無恥熱愛的惡魔。

每個集會都有著自己的寵物靈，或說者使魔。祂們是在集會最初的幾次聚會中被召喚出來的，只要成果不錯，此後就會一直聽候召喚。在這個女巫集會成立後不久，帕南德里奧便來到這裡，透過某種方式，讓燭蠟滴在字母表上，揭曉了自己的名字（據巫師們所說）。證據顯示，祂大體上是個親切友好且樂於合作的傢伙，但若處理不當，其力量還是相當危險。（「我們成員的其中一個敵人，差點死於肺炎，」一位巫名為山茶花〔Japonica〕的女巫告訴我。「我們沒打算讓事情發展到那一步，是我們讓帕南德里奧失控了。」）集會之中，沒人真的知曉帕南德里奧是誰。有個說法是，祂是個古老但尚未成熟的「元素」，也就是說，早在第一個人類在地表蹣跚學步之前，祂就被創造出來了。另一個說法是，祂是某個真實人類的鬼魂，也許是古人，也或許是新近的亡者，也許是位銀行家或股票經紀商。這部分，帕南德里奧自身從未透露。

「帕南德里奧！」薩珈喚道。「我們召喚汝，進入此間！」她站在祭壇前，面朝東方。其他集會成員複誦了這段話。

一陣靜默後，薩珈轉朝北方，又再說了一次。集會成員跟之前一樣，跟著她複誦。而後轉西，再轉向南。

接著是一段很長的沉默。至少有一分鐘都沒人動作。每個人都盯著房裡的一個陰暗角落，那裡的小桌子上放著一個甕，裡頭立著一些長長的乾燥植物，我猜是蒲葦。

那真是令人毛骨悚然。心靈的增幅加壓顯然已到了非常高的程度。也許是烈酒與葡萄酒的緣故。本來看起來應該是很蠢的事，反倒變得再鄭重不過。就在這裡，在二十世紀中，我們十二個成年人在芝加哥市中心，瞪大雙眼望著一個黑暗的角落，等待著一個靈體現身。

「別鬧了，岡瑟，」我試著告訴自己。「振作起來！動動你的腦袋，老兄！你明知道根本就沒有帕南德里奧這號人物。」

但我還是挪了挪鏡子，和其他人一同盯著那角落。

然後那蒲葦動了。

房間裡的每扇窗戶都緊閉著。也沒人走動，無從盪起微風。但那蒲葦卻突然搖動起來，彷彿剛才有人從旁走過。

也許是因為烈酒的關係，也或許是因為我的想像，被集會的心靈增壓搞得頭暈目眩。也許是我放在鏡子上的手抖了一抖……

也或許那蒲葦確實動了。如果真的如此，或許是某種無定的氣流造成。又或者是某種念力（psychokinesis），一種瘋狂的精神力量，從集會成員們過熱的腦袋裡發散而出。又或者，是帕南德里奧？

集會成員後來告訴我，他們也看到蒲葦在動。「祂常會發出這樣的訊號，」他們鄭重向我保證。「其他時候，你只會感覺到祂的存在。這點毫無疑問。」其中兩位成員更聲稱，他們還在角落裡看到一個白色、煙霧般的形體。

「帕南德里奧，歡迎來到此圓，」薩珈以極低的、顫抖的聲音說道。「留下來，聽從我們的吩咐。」

集會成員們吟誦道：「歡迎，帕南德里奧！遂吾等之意，所願皆成！」

薩珈開始依序對每個成員說話：「呂山德，你有什麼事情要在此圓中施展嗎？」這是施咒時間。有些成員不會特別提出要求。（在女巫圈裡，如果每次聚會都帶有個人目的，會被認為太過貪婪。）其他人則懷著施展各種魔法的想法。有個女孩帶了把男士的梳子前來，她的要求是讓集會透過此物來集中心靈或魔法力量，讓那名男士愛上她。男巫之中，有人想向某個在商業交易上騙了他的人尋求賠償。我不知道這些魔法施行效果究竟如何。我只對一種魔法感興趣，那就是用於股市上的魔法。

集會中的兩對已婚夫婦，有個進行中的投資小組。這四人共同買賣股票，把並錢集中在一起，以便進行更大規模的交易，節省經紀商的費用。他們每年都會向女巫集會尋求幾次魔法協助。

這個投資小組的發言人，是個蓄著八字鬍的長髮年輕男子，巫名尤法特（Juvat）。（巫師可用自己喜歡的任意字詞作為巫名。你可以從女巫的傳說或神話中汲取靈感，甚至自行編造。像這名男子的巫名就來自拉丁語格言「*Audentes fortuna juvat*」，意為「勇者天佑」。之所以這樣取名，是因為他喜歡這個字的發音。）

尤法特用簡單的英語宣布了他的請求。我必須得說，這與我聽了整晚的古老神祕行話相比，真是個令人耳目一新的變化。「我們買了五百股的羅伯蕭控制器（Robertshaw Controls），」他說。「我們希望其股價能於下週上漲。」

薩珈道：「此圓聽憑指揮。」

尤法特離開了圓圈，走到一張桌子旁，拿起一個從白色海報板上剪下的大五芒星，長約一英尺半（約四十六公分）。上面用粗大的紅色大寫字體，寫著「羅伯蕭控制器」，橫跨五芒星的正反兩面。

尤法特回到圓圈裡，站在祭壇後面，翻著影子書，直到翻到他想要的那一頁。他把寫著紅字的白星高舉過頂，說：「好心的朋友們，好心的帕南德里奧，我希望將這顆星放上天空。」接著他慢慢念了一首書裡的打油詩，每念一行就停頓一下，以便讓其他人跟著複誦。詩的內容是：

歷經六天六夜， *Through six nights and days,*
所有人的目光 *Let every man's gaze*
看見這顆星星 *See this star*

從遙遠的地方！ *From afar!*

明亮、明亮，願其閃耀輝煌！ *Bright, bright may it blaze!*

「其實這也算不上是詩，」他後來向我吐露（即使是我刻在骨子裡的禮貌，也無法令我反駁這樣的評論）。「不過，許多女巫的咒語，都採用這類押韻句式，便於念誦與記憶，那些韻律與節奏也能幫你集中注意力。那一小段關於星星的詩句，其實是舊時女巫愛情魔咒的一個版本。事實上，關於星星的整個概念，都源於一個愛情魔咒。」

我問他，這個魔法會如何發揮作用。

「嗯，你瞧，」他回覆道，「它的概念就是讓許許多多投資者去記住某支股票，於是他們就會買進，股價就會上漲。集會透過想像懸掛在暗夜天際、巨大而閃亮的一顆星星，再搭配上用鮮紅大字凸顯出的公司名字，來做到這一點。想像力，這就是巫術當中最具威力的一種工具。這個集會很擅長這點。那紙板做的星星只是一種視覺輔助工具，有助於正確發揮我們的想像。我們想像那星星在天空中，想著它直到這一切在腦海中形成一幅幾乎令人目眩的絢爛圖像。你幾乎可以感受到那顆星星的熱度。如果做對了，這股思想能量就會從這裡輻射而出，直到……嘿，我也不曉得會傳到多遠去。也許數千英里吧。然後這個想法進入百萬人的腦海，他們隔天醒來都會想著：『嘿，也許我該去看看羅伯蕭控制器！』他們不會知道這個想法從何而來，就跟其他上百個想法一樣，無緣無故地在你腦海來來去去。」

「但很多人肯定也在考慮許多其他的股票，」我說。「如果所有這些想法都在人們的腦海中來來去去，要怎麼讓你的特定想法脫穎而出呢？」

「啊哈！」他顯然很高興被問到這個問題。「這就是巫術的意義，這就是為什麼我們要進行這般荒唐、繁冗的過程。你說的沒錯，人們現在還在考慮許多其他股票，可能某處有個傢伙就在對自己說：『我的乖乖，如果ＩＢＭ明天上漲二十點該有多好。』其他人則在想：『喔，拜託，我希望美國汽車下週能大漲一波。』但這些想法又如何能與我們的想法競爭？正如你今晚在此所見，我們有十一個極擅發揮想像力的人，將心靈力量增幅加壓到所能到達的最高程度，從而發出一道巨大、集中的意念重擊。我們的想法會蓋過所有人。」

這就是後來尤法特向我解釋星星咒語的過程。但目睹儀式的當下，我只感到一頭霧水。尤法特靜靜站在祭壇前，閉上雙眼，將星星高舉過頂。其他成員也都靜靜地站著，有的盯著星星，有的閉著眼睛。至少有一分鐘的時間，沒人動作也沒人說話。我用來觀看這一幕的鏡子，成像效果遠遠說不上完美，但在我看來，許多成員在那一分鐘裡都變得身形僵硬，看起來拳頭緊握、雙唇緊閉，似乎正付出巨大的努力。終於，尤法特以令人震驚的尖銳嗓音打破沉默：「歷經六天六夜，所有人的目光……」

這次他自己念誦了這首詩，其他人則站著聽。最後，尤法特讓星星降落到祭壇上，離開了祭壇前，回到自己原先在圓圈裡的位置。薩珈重新執掌圈內。她給了帕南德里奧「離開許可」，然後帶領集會成員念出簡短的告別咒語。當晚的活動就這樣結束了。

接下來的一週，也就是八月十七至二十一日，股市整體相當活躍，但像羅伯蕭控制器這般表現出色的股票並不多。它的單週漲幅超過百分之二十五，從每股二十美元的價格，漲了五又八分之一美元。尤法特與他的巫師夥伴們買了五百股，也就是在五天的時間裡，把一萬美元變成了一萬兩千五百美元。

我跟一位羅伯蕭控制器的內部人士聊了聊。我問他是否知道這種不尋常的跳漲背後，有何特殊原因。他說他也不知道。

「為什麼你這麼問？」他想知道。

「這故事說來話長，」我說。「總之你不會相信的。」

金錢磁鐵

我一直在尋找關於市場巫術的簡化指引。（成果請見附錄。）絕大多數的巫師都迴避了我的提問。他們會說他們有保密的傳統，也談到了可能的危險性。

「如果處理不當，這可是非常危險的，」保羅．胡森（Paul Huson）說道。他是一名來自加州的年輕巫師，自稱是十七世紀一位在蘇格蘭施行巫術而慘遭絞刑之女士的後裔。「在宣稱要傳授這門技藝前，應當先徹底了解這個領域。」

「這非常危險，」蓋兒．庫恩說道。她回憶起自己讓友人連爆三個車胎的經歷，「我差點就把他害死了。」

「你覺得為何基督教會始終與巫術為敵？」雷蒙．巴克蘭博士問道。「有一部分原因，就是怕這股力量被濫用。巫術這東西就像是一輛汽車，你知道的，它很有用，但在馬虎的人手裡就很危險。」

講這什麼廢話，我心想。

在芝加哥那晚的幾週之後，我接到那位戴著藍色墨鏡的女巫打來的電話。她再次提到她給我看的那張六千美元支票，詢問我有沒有幫她的女巫集會找到新的潛在客戶。我說沒有。她說會給我百分之十的傭金，讓我幫忙找找。

我不想參與其中。在我看來，她的集會活動處在法律的灰色地帶，雖算不上公然違法，但也許也並不全然符合SEC的規範。我說：「你這是要我為自己不相信的東西做推銷員。」

「好吧，」她語氣愉悅，「我們會讓你相信的。要不讓我們把你變成一個金錢磁鐵，怎麼樣？」

過去我曾多次遇到金錢磁鐵這樣的概念。這些巫師們聲稱，他們可以透過播送某人的意念，來將其與金錢相關的念頭聯繫起來，進而「磁化」這個人。據說，這種概念在鄉間裡流傳，並吸引了許多人前往，為求此類好運而花上大筆鈔票。像是為了逾期債務終獲清償，或者從未有相關需求的人致電來提供報酬豐厚的工作等，這是種古老且常見的巫術目的。甚至還有個名叫「個人主義結社」（Individualist Society）的團體（總部位於奧克拉荷馬州塔勒夸〔Tahlequah〕），專門教人如何「散發個人的金錢磁力」。

我告訴這位藍眼鏡女巫，如果她想讓人把錢和我聯想到一起，完全沒有問題。

她說：「你會收到你作夢都想不到的人來訊，而他們都會想著跟錢有關的事情。」

她掛上了電話，我等著瞧。

四天後，我接到美國國稅局的電話，他們說要審計我一九六八至一九六九年的報稅表。審計？好傢伙！我當了二十二年的納稅人，期間從未被審計過。我問了國稅局的稅務專員，「為什麼找上我？又為何是現在？這麼多年過去，怎麼我的名字突然入了你們的法眼？」

他說，這主要是個隨機選擇的過程。我的號碼在純屬偶然的機會下被抽中了。

最終結果，我這兩年的報稅表還真的有算錯的地方。稅務專員離去前，給了我一張四百四十九．二五美元的待繳帳單。

就像女巫們說的那樣，這股力量是很危險的。

也正如人們在華爾街上說的那樣，有時賺，有時賠嘛。

VIII

牌中自有黃金路

By the Cards

賭上身家

一九六六年底的一個下午，一名很是奇怪的男子，走入了期權領域頂尖券商戈尼克父子公司（Godnick & Son）位於比佛利山的辦公室。這人一身嬉皮風格打扮，腳上踏著涼鞋，穿著打了補丁的工裝褲，臉上留著鬍鬚與一頭狂野的長髮。一條細細的項鍊掛在脖子上，把一枚銀質徽章懸在他的胸前，上頭有個奇怪工具。在經紀商辦公室裡，沒人能認出那是什麼。也許是玫瑰十字會（Rosicrucians）的符號，又或者是崇拜撒旦的某種邪教象徵。當時這類邪教，在加州這片茂密的社會問題灌木叢裡，可說比比皆是（至今依然數不勝數）。辦公室裡的人若到了街上，沒人會多瞧這男子一眼。但在這券商辦公室裡看到他，就挺奇怪了。這裡可是華爾街的前哨基地，而華爾街是備受他們蔑視與憎惡的權勢集團核心。

接著發生的股市奇譚，是戈尼克父子公司檔案中、各種古怪案例裡最怪的一例。這是精明實際的老華爾街與怪誕奇妙的非理性世界之間，一次異常直接且生動鮮明的對抗。

親切的伯特・戈尼克（Bert Godnick），也就是公司名裡的那個「兒子」，在某天晚上，和我在馬車夫餐廳吃晚餐時，跟我大概講述了這個奇特故事。那天晚上，馬車夫的吧檯滿滿都是人，當天交易量很大，道瓊指數也漲了幾點。馬車夫餐廳裡，就和街尾的德爾莫尼科一樣，店內滿是蓬勃生氣與高漲的希望。也許，他們都在告訴彼此，漫長的熊市可能終於結束了。也許……也許……

「沒人真的『知道』市場上接下來要發生些什麼，」伯特．戈尼克說。「但偶爾你就會遇上這樣一個傢伙，說自己真的知道，而且非常肯定，絲毫沒有那種困擾著其他人的疑慮。這傢伙顯然是個瘋子。但後來，事實證明他是對的，你發現自己開始懷疑起自己的疑慮。這讓我想到了一個故事……」

在伯特．戈尼克跟我講述了比佛利山的嬉皮故事後，我致電伯特遠在加州的經理馬蒂．崔斯勒（Marty Tressler），以進一步查核故事並了解更多細節。這確實是個詭異的故事，和本書中的許多其他內容一樣，要是沒有相關文件紀錄，那真的令人難以置信。

要想理解這個故事，你得先知道什麼是賣權和買權。買權（call，或稱看漲期權）是一紙證明，用以保證你有權在未來的一段時間內，以固定的價格買進股票。當你認為股票價格即將上漲時，你就可以買進買權。只要你是對的，也就是股票確實上漲的話，那你就能透過持有買權，賺到比持有股票本身還多的錢。

這其中當然涉及風險。如果你購買股票本身並遭遇下跌，你還不至於血本無歸，只是損失部分價值，且這種損失可能是暫時性的。但是，如果你買了買權又遭遇股票下跌，並在買權的九十天或六個月的權利期間內，始終沒有漲回來，你就會損失所有投入的金額。（賣權〔put，或稱看跌期權〕與我們目前的故事沒有直接關係。它與買權相反，它會給你在規定的時間範圍內，以固定價格出售股票的權利。）

簡而言之，箇中關鍵就在於：買權是一種令人愉悅的、有些冒險的策略。你可以用相對小的本金賺到鉅額的財富，但你也可能輸到一無所有。

那名奇怪男子走進了戈尼克加州辦公室，要求見經理。馬蒂・崔斯勒走上前去。對方拿出一張金額近五千美元的支票，上頭寫著男子的名字，是附近一家儲蓄銀行開立的。男子說：「我今早結清了我的儲蓄帳戶，這裡是我所有的錢。我想買進一批買權，但在等它們到期前，我還需要點生活費。你能否拿這張支票替我買進買權，並找五十塊現金給我呢？」

這當然有點不合規矩，但也不是做不到。馬蒂・崔斯勒點了點頭，「沒問題，如果這就是你想要的方式。不過……」

「這筆錢能買多少控制資料公司（Control Data）的九十天買權？」

「你的意思是，你要把所有的錢都放在這支股票上？這裡就是你的全部家當？」

「不必擔心，」那人說道，顯然他是一點都不擔心。「我知道自己在做什麼。」

「但是……我是說，如果這就是你的全部家當，你不覺得應該稍微分散一下風險嗎？也許放到其他幾支股票上，比如……？」

「不，」男子平靜說道。「就只買控制資料。我不可能會輸。」

馬蒂・崔斯勒不自在地吞了吞口水。他很清楚，正如所有華爾街人士知道的那樣，在股票市場上，沒有什麼是一定的。此外，控制資料在那個時候（一九六六年年底），是紐約證交所最具不確定性的股票之一。它就只是一九五〇至六〇年代興起的眾多小型電腦公司中的一員，試圖與強大的IBM競爭，或者搭上其順風車。而就任何人所知，它就是跟在後頭的狗。一九六三年，一些對控制資料的小小激動促使該股上漲，但這股激動已然逝去，此後三年裡，該股走勢崎嶇，並且不可避免地走了下坡。而今它徘徊在每股三十美元區間，幾乎被人遺忘。要在此時在它身上投入大量資金，那魯莽的程度，就和傑西・李佛摩做空聯合太平洋一樣。

但馬蒂・崔斯勒的這位辦公室訪客堅稱，這就是它想要的。崔斯勒打破了「券商都不是人」的華爾街定律，和對方多爭論了一會兒。（「這傢伙並不是說多有錢，」他後來跟我解釋道。「我們在談論的那近五千塊就是他的淨資產，我是說，那就是他的全副身家。」）

爭論過程中，馬蒂．崔斯勒詢問男子，是什麼讓他對控制資料公司的未來如此肯定，是獲得了什麼內部消息？沒有。那麼，是有線圖顧問服務在其股價歷史中發現了什麼漂亮但不明顯的頭肩型態？也沒有。那是它的基本面看起來很好嗎？嗯，不好也不差，就一般般。「那它到底哪裡了不起？」馬蒂．崔斯勒惱怒地問道。

男子咕噥著說了個莫名其妙的回答，中間夾雜著「塔羅」（Tarot）這個詞。

與自我的溝通

塔羅牌是一套古老且神祕的系統，它透過七十八張設計奇特的卡牌（有些非常漂亮，有些則令人毛骨悚然）來占卜未來。親愛的讀者還請先別笑。這門奇特技藝的從業者所做出的那些有據可查的預言，就跟大衛．威廉斯和珍妮．狄克遜一樣，準得令人費解。

（大多數的塔羅初學者，甚至還有些資深從業者，都認為「Tarot」是個法文單字，因此在其後半部的發音上，都讀與「arrow」同韻。實際上，它是自拉丁文[24]派生而出的新造詞，所以有些字典在其後半的拼音，會讀與「carrot」同韻。這部分你可以自行決定。）

塔羅（從業者用英文說到該詞時，通常會在前面加個 the）是感應型與儀式型的組合。其基本原理是，無意識的思維能知曉關於未來的事，而緊張的有意識思維卻不願意承認這些。人的無意識經常、甚至定期會閃現出預言性的洞察。但人的意識要嘛刻意壓制這些一閃靈光，要嘛又將逃竄而出的靈光駁斥為單純的直覺，因此毫無價值。而塔羅牌就被視為是溝通這兩個意識領域之間的媒介。

使用卡牌前，你要先按照規定的方式去洗牌和切牌。在這個過程中，就會發揮無意識思維據傳擁有的念力天賦，也就是透過心靈（精神）去推動有形物體移動的能力。無意識會按照其認為合適的順序，來排列紙牌。（杜克大學的瑞因博士稱之為「心靈洗牌」〔psychic shuffle〕。他和其他超心理學家相信，心靈具有某種這一類的能力。）接著，你按照規定的方式去布置好卡牌，研讀其中意涵。你不用以死板、機械的方式去解讀它。你只是讓卡牌上

24 譯註：今日說法多指其源自義大利文 Tarocchi，後幾經流傳變化，才在法語中轉寫為 Tarot。

的圖案來提示你的想法，以便回答你提出的所有問題。這些想法（但願具有預言性），會從囚禁著它們的無意識中浮現出來。

理論就是這樣。它站得住腳嗎？嗯，或許。比起其他任何神祕主義群體，塔羅牌占卜師們更加熱衷於捍衛他們的神祕藝術。對他們來說，這是種宗教信仰。如果你放低音量，那還可以和他們爭論幾句。但如果你嘲笑它，那就有被打斷鼻子的風險。普莉西拉・弗里德里希（Priscilla Friedrich）是在此群體之外、頭腦冷靜、學養豐厚的一位女士。她在一九七〇年三月的《麥考爾雜誌》（*McCall's*）中寫道，「這些奇怪的卡牌，掌握著今世與來生的祕密」。她說自己曾是塔羅牌占卜師，但後來因為害怕而放棄了這門技藝。她說這些卡牌實在太過強大。「它們有魔力，而只要一丁點魔力就能帶來偌大影響。它們也令人恐懼……它們會告訴你太多事情……」

嗯，好喔。也許在某些情況下，像是為了在股市上大賺一筆，值得你付出被嚇上一下的代價。不同於一些其他的神祕技藝，塔羅這一行對於那些利用塔羅牌來謀取世俗利益的人，並沒有特別的哲學偏見。塔羅的神祕性，既包容如金錢這般骯髒的事物，同樣也含括如愛情這般縹緲的東西，並且不會試圖將其中一種歸類為低等事物。

大賺十二倍

馬蒂．崔斯勒辦公室裡那名奇怪男子，顯然是從他的塔羅牌上，收到了一條準確提示。如今，所有關注過控制資料公司過去幾年命運的人，都可以憑藉後見之明，知曉這名男子的塔羅占卜結果值得考慮。一九六六年底，當他買進買權時，該公司股價在三十美元左右。隔年，也就是一九六七年，在無法理性預測的經濟與心理因素推動下，控制資料公司的股價一路高歌猛進，達到了炫目輝煌的頂點，一百六十五美元。

在此期間，光是持有這支股票，就能產生令人陶醉的利潤。持有它的買權那又是另一回事。這名男子在其首批九十天買權到期後便加以兌現，提出些許現金來維持生活開銷，再用此前獲得的鉅額利潤，又一次買進新一批九十天買權。在這次買權到期時，控制資料公司尚未到達一百六十五美元的最高峰，但男子的占卜結果顯然已經表明，該股此後的未來烏雲罩頂。是時候離開了，他也就此獲利了結。

馬蒂．崔斯勒最終付給那名男子超過六萬美元。六個月內，這個人的錢翻了十二倍。他走出了辦公室，戈尼克父子公司的人再也沒有見過他。

七十八張牌卡

我出發前去尋求塔羅大師的指引。

他們之中，有些人會反覆念叨著這是「古老的智慧」。（跟許多神祕主義者一樣，他們覺得自己的技藝之所以值得敬畏，單純是因為它是古代的發明。這當然是無稽之談。）有些人則會因那份宗教狂喜而幾乎語無倫次。他們將塔羅視為某種高度神祕的事物，到頭來都敬畏到沒辦法說人話了。這樣的群體，他們會迴避有關股市的問題。看起來，股票還不夠微妙或神聖。但是，既然塔羅牌可能可以傳遞有關未來的訊息，那又為何不能用於股票市場呢？

終於，我遇到會說人話的史都華．卡普蘭（Stuart Kaplan）。他是一位廣為人知且受人尊敬的塔羅大師，除了撰寫過相關主題書籍外，自身也在一家製作塔羅牌的公司裡握有股份。他避免對卡牌的占卜能力做出輕率的陳述。「卡牌揭示了你的想法，」他對我說。「如果你心裡頭一片空白，那麼卡牌所呈現出的一切也毫無意義。」

「你能用塔羅牌來預測股市嗎？」我問。

「有些人相信塔羅能做到這點。我自己倒是從未將卡牌用於這方面的目的，但我當然認為這是有可能的。畢竟，如果塔羅牌能用來預測某些事，那自然也能用於預測另一些事。」

另一位塔羅專家，安妮．戴維斯（Anne Davies），則在洛杉磯經營一家名為「至聖所建造者」（Builders of the Adytum）的奇特機構。像這樣的準宗教非營利組織（會費與捐款均可免稅），在加州到處都是。由於擔心會深陷在各種神祕主義的自言自語中，對於是否前去接觸對方，我相當猶豫。當我發現安妮．戴維斯有著總議長（Prolocutor General）頭銜，其他機構幹部也有著同樣古老神祕的名號，諸如大元帥（Grand Imperator）和大衡平法庭（grand Cancellaria）等，我的擔憂進一步加劇。這一切聽來都蠢得太深奧，怕是沒什麼幫助。

「我們強調的是塔羅對靈性啟蒙的作用，」安妮．戴維斯說，「但我們也堅持，真正的靈性發展需要物質顯化才得以完整。否則這只會是另一個白日夢。」

換句話說，至聖所這幫人認為賺錢是沒問題的。

至聖所建造者自稱是西方世界裡保存塔羅牌祕密的主要寶庫。其學徒（或稱「有志者」〔Aspirant〕）會歷經神祕智慧的幾個階段，直到最終贏得夢寐以求的「行者」（Adept）稱號。行者對塔羅牌該有很深的理解，且由於經常使用塔羅牌，拓展了其通靈與預知的天賦。他被鼓勵運用卡牌和天賦，以任何他所喜歡的方式，去「擴展」他的生活。

「在接受這些教導前，我在市場上的表現極其糟糕，」一位行者向我鄭重保證。他是一位來自納許維爾（Nashville）的商人、扶輪社成員及童子軍隊長，從其他所有方面來看，他都是一位務實理性的公民。（無論如何他都足夠理性，他請我別向他的扶輪社同僚透露他的名字，他能想見自己會被掃地出門。）

我問他：「你有專門去向至聖所的人尋求市場方面的協助嗎？」

「或多或少。不論在股市還是在我一般的商業活動上都有。至聖所的人談了很多靈性啟蒙的事，但你知道，這部分就只是糟粕。我進入此處的唯一目的，是學習如何獲得更好的商業與市場預感。老天爺啊，還真的有效。一旦你對這些瘋狂的卡牌有了足夠的練習，你就能知曉市場上會發生什麼。這真的太神奇！」

他告訴我自己對菲利普莫里斯（Philip Morris）公司的成功投資。一九七〇年初，他以二十八美元的低點買進，並於十一月以四十四美元的價格賣出。「卡牌準確說明了公司即將發生的事。一言以蔽之，就是源自其基本業務的成功多樣化經營。我跟你說，要是在過去，我肯定會買在高點然後賣在低點。」

我接著問：「但你確定這件事跟塔羅牌有關嗎？或許你只是變得更善於解讀那些理性市

場指標了。」

「不，這不可能。我在市場上都已經三十幾年了。在這整段時間裡，如果我有辦法變得更厲害，那早就累積了足夠的經驗才是。但我從未做到過。我就是那種典型的零股散戶，你知道的，這種人永遠是錯的，總是如此。我年復一年都在虧錢。」

「但現在你能賺到錢了？」

「光是一九七〇年，我就在市場上賺了約三萬美元。我知道這和塔羅牌必然有關，因為如今我的預感是正確的。我是說，我感覺它們相當可靠，跟著它們走我非常安心。過去我從來沒有過這種感覺，每當我買了一支股票，在接下來的幾天裡都會備感痛苦，擔心自己又犯了一個該死的愚蠢錯誤。那時的市場對我來說，始終是一場瘋狂的賭博。但是現在，一切似乎都再確定不過。」

我想起了那位占星師，瑪德琳．莫內，也是平靜地透過其所謂一手好牌來參與市場。能有這樣的安全感肯定很不錯，我想。

我像一名有志者般離去，去找尋能教我塔羅牌技術的人。

大師的解讀

一九七〇年八月二十八日晚上，塔羅大師榮恩・沃莫斯（Ron Warmoth），在紐約阿爾岡昆酒店（Algonquin Hotel）的酒吧間，與我們碰面。還有兩位見證者與我同行：艾蓮諾・寇薩克（Eleanor Kossack）與荷莉・貝克利（Holly Beckley），都是《真實》（*True*）雜誌的受僱記者。這位塔羅大師同意為我們上課，並展示他那奇特的技藝。

榮恩・沃莫斯是位三十多歲、帥得誇張的男子。我其中一位年輕女士見證者形容他「超有魅力，但也有些嚇人」。之所以嚇人，也許是因為他的嚴肅吧。在其展示過程中我幾度覺得，那股莊重都快壓垮我們的小圓桌了，我只能試著說上幾句俏皮話，來舒緩那種氛圍。榮恩・沃莫斯以轉瞬即逝的陰冷微笑回應，我才發現自己該閉上嘴巴。拿別人的宗教信仰開玩笑，可不是個好主意。

榮恩・沃莫斯是公認的塔羅宗師之一。他在電影界有許多客戶，也為一群詭祕富商提供塔羅顧問服務。他們偶爾會在紐約拉伊（Rye）的一處靜修處聚會。這些商人之中，有的是刻意隱姓埋名、藏身幕後操作的百萬富翁；有的是知名大型上市公司總裁。他們碰面時會討論金融、政治與靈性相關議題。沃莫斯不太提他們的事，他們也不希望公諸於眾。但他們明顯喜歡沃莫斯，一再邀請他碰面。「他預見未來的能力讓我們感到驚訝，」一位高階主管這麼跟我說。我問他：「什麼的未來？股市嗎？」他頓了頓，閃爍答道：「我只能跟你說這麼多。在我遇見這年輕人之前，我還不是百萬富翁。但如今我已經是了。」他言盡於此。

沃莫斯還有其他的商業客戶。其中一位，在一九六八年的年底前，一直都是重度股民。當時沃莫斯建議他，退出股市並將資金投入房地產。在接下來的兩年裡，他手上的房地產價值翻了一倍，而之前曾持有過的股票卻價值砍半。此外，還有十幾家廣告公司也有使用沃莫斯的獨特服務。

我覺得這就是我要找的人。

我們四人圍坐在一張矮矮的雞尾酒桌旁。荷莉・貝克利請沃莫斯為她做一次個人占卜並現場解讀。這似乎是一次對其能力的極佳考驗。他以前從未見過荷莉・貝克利與艾蓮諾・寇薩克。事實上，他根本不知道當晚她們會和我們一起在阿爾岡昆酒店碰面。他甚至從未聽說她們的名字，直到他走進酒吧間，發現她們和我一起在桌旁等候。我故意不告訴他女孩們的事，只是打了電話，請他來與我碰面。他沒有任何可運用的理性手段，來了解任何有關荷莉的事。

他洗好了牌，然後在桌上把牌鋪成圓形圖樣。由於共有七十八張牌，鋪滿了整張桌子，我們的飲料都只能放到地板上。「要想展開塔羅牌組，有數十種不同方式，」沃莫斯說。「你可以像我一樣用上所有卡牌，也可以只抽出其中七張。這取決於你問題的性質，以及你想要多少細節。重點在於，找到一個適合你的系統，然後堅持下去。」

過了一會兒後他說：「你會注意到，我不會死板地解讀卡牌，不會像食譜書裡的配方那般去遵循一套既定的規則。我的方法就是這樣：你是透過卡牌來得到感應。」他突然望向荷莉。「我看見你很快就要離開紐約，」他說。「你要去某個……更溫暖的地方。今年秋季或冬季，你就不會跟我們一起待在這裡了。」

荷莉的一雙藍色大眼瞪得更大了。事實上，她本就計畫在這一週內飛回她位於新墨西哥州的老家。她是新墨西哥大學（University of New Mexico）新聞系的學生。她參加了由一群雜誌出版商安排的暑期實習生計畫，一直在《真實》雜誌旗下工作。

接著，沃莫斯又針對荷莉的家庭、愛情生活、她的希望與恐懼等，給出了同樣準確的細節。沃莫斯說完後，荷莉驚嘆：「這真是太神奇了。」

沃莫斯倒是毫不訝異。「卡牌通常都是對的，」他平靜說道。

我看著桌上攤開的七十八張牌，牌上圖樣色彩鮮豔、古怪、超現實，有的還怪得很有吸引力。其中一張是一個女孩在星空下獨坐於湖邊；另外一張，是一位穿著長袍的優雅女子，正將某中液體倒入甕中。其他圖案醜得驚人。有長著鳥爪腳的惡魔身影、有被臉帶諷刺微笑的老者注視著的一對年輕戀人、一副骷髏、一個踝上繫著繩索而被倒吊著的男子……

「這些牌能預測股市？」我問。

「當然。今夏我已經做過好幾次市場占卜。」

「狀況看起來怎麼樣？」

沃莫斯露出遺憾的微笑。「接下來會是個艱難的冬天，」他說。

我進一步追問細節。他說：「九月看來行情平淡，沒有太多上下波動。十月會有一次下跌，可能會很嚴重。小型投資人會有很長一段時間，都沒什麼賺錢的機會。」

他給了我一些更長遠的預測，你可以在本書第十二章中找到（也包含其他非理性方法使用者的預測）。他也給了我一些更詳細的塔羅占卜指導，你可以參考附錄內容。關於這些預測與指導，我並不確定其價值幾何。

我眼看著他對九月、十月的預測，都化為了現實。「他所說的那些關於我的事，全都是對的，你知道嗎？」荷莉・貝克利說。

「是，但這太瘋狂了，」我說。「我知道他是對的，但我就是不明白這是怎麼做到、又為什麼能做到。我是說，這些『卡牌』，也就一張張裁切過的紙板……他不可能有能力去說對這些事情。」

荷莉聳了聳肩。「事實如此，也很難去爭辯什麼，」她一語道破。

是啊，確實，這也太他媽難了。

IX

夢想家

The Dreamers

瘋狂的 H 夫人

「根據我們的實驗，」查爾斯．霍諾頓（Charles Honorton）說，「似乎有某些人能在特定條件下，可以經歷能預示未來的夢。」

霍諾頓是紐約布魯克林瑪摩利醫院心理健康中心（Maimonides Hospital Mental Health Center）的研究員。在該中心舒適、安靜的地下室裡，有個設備齊全的實驗室，專門用來研究夢境。該實驗室由心理學家史丹利．克里普納（Dr. Stanley Krippner）領導。該週幾乎每個晚上，克里普納與霍諾頓都會在此探究志願者的夢境，以了解預知和其他超自然現象，是否會、或者在多大程度上、又以何種方式，出現在我們睡覺時所經歷的離奇冒險中。

結果顯示，夢，有時具有驚人的預知能力。

克里普納與霍諾頓都是備受尊敬的科學家。要不是研讀過他們那費解的研究成果，稍微打消了我的懷疑，我可能也不太會去關注朵拉莉．H夫人。這位不尋常的女士，是一位五十多歲的寡婦，她每年會在瑞士待上一段時間，其餘時間則在華盛頓特區度過。讓她得以維持兩地房產的財富，就來自於股市。她是如何在市場上取勝？她說，她的丈夫會頻頻出現在她的夢裡，告訴她市場會如何發展。

「荒謬透頂！」首次有人和我提及Ｈ夫人時，我就是這麼跟對方說的。「她精神失常了吧！」但此後我研究到預知夢這門怪事，之後又研究了亡者靈魂與生者溝通這般更怪的事。在聽聞一些值得注意的案例後，我和往常一樣去尋求文件與其他證據，最終，我啞口無言。

「只要他想，誰都可以召來有預言性的夢，」Ｈ夫人告訴我。（這裡之所以使用姓氏首字母來指稱她，是因為她不希望以先知的身分為眾人所知。）

「你每天晚上都會作這樣的夢嗎？」我問。

「哦，沒有。大約一個月一次，也許頻率更低一些。」我問。

「我連自己作過什麼夢都不記得，更別說用它們來預測未來了。你真的覺得每個人都辦得到嗎？」

「是的，這就是看……嗯，你的大腦有沒有預先調整好。你知道的。讓它做好準備，讓它能夠接收。」後來其他會作預知夢的人告訴我，其實只要透過簡單的練習，就能達到這個目的。如果你努力嘗試，通常就能詳細記住夢境。只是，這些夢境是否具有預言性，或者在多大程度上有預言性，我不能確定。

我能確定的只有我的所見所聞。我向Ｈ夫人提出了一個相當無禮的挑戰。我告訴她，我會大約每週打一次電話給她，看看她是否有作關於股市的預知夢。她同意了，說如果有這樣的夢會跟我說。她也同意告訴我，這個夢可能預示著什麼。這樣一來，屆時我就能親自見證預測的成果。

到券商那過復活節

那個夢出現在一九七〇年三月五日星期四的晚上。隔週的星期二，也就是三月十日，我到了華盛頓，與Ｈ夫人相約在斯塔特勒－希爾頓酒店（Statler-Hilton Hotel）裡一家陰暗且有些怪誕的酒吧，名叫無賴莊園（Rogues' Manor）。她是一位身材嬌小、很有精神、充滿魅力的女士，有著黑色的雙眼與深棕色的頭髮。而且，至少從表面上來看，她神智清醒。她跟我說了這個夢。

「我夢見我和我丈夫一起，」她說，「我們似乎正在前往教堂的路上。那天要嘛是耶穌受難日（Good Friday），要嘛就是復活節（Easter Sunday）。我不確定是哪一天，總之非此即彼。

因為我穿著新的春季外套和帽子，空氣中滿是復活節的氛圍。我們在一家經紀商的辦公室前停下。這根本沒道理，不是嗎？我是說，哪家經紀商會在耶穌受難日或復活節開業呢？這兩天市場都休市的。但夢境就是這樣。我們看了會兒行情，它動得非常快，成交量很大。現場也有其他人跟我們一起盯著行情，每個人都說：這是多麼不尋常的一週，週一的成交量那麼低，到了現在卻那麼高。我的丈夫說：『瞧，道瓊漲了二十點！這是多年來最好的一週！』」

「稍等一下，」我說。「讓我確認一下我的理解是否正確。你是說這個夢，是在預測今年復活節前那一週，對嗎？」

「是的，我查過日曆。我們說的是春季頭一個交易週，也就是三月二十三日開始的那一週。」她微笑道。「不過，當然，我無法保證什麼。」

「沒問題。還有更多細節嗎？」

「是還有一點。其中有些非常模糊。我依稀記得我丈夫說過，東方航空（Eastern Airlines）的表現比其他主要航空公司都來得好。我想是漲了三或四點。」

「你會買進東方航空嗎？」

「當然。自然是在前一週買進。我記得他還指出，其他一些主要航空公司會在該週內上漲，但其他絕大多數都是下跌。還有，全錄上漲五點，霍尼韋爾也是。其他細節我就記不得了。」

我把所有這些預測都記在我的筆記本上，我將它們以簡要方式寫下並拿給Ｈ夫人看。「所以這些就是你的預測？」我問。

她看過之後點了點頭。

我回到家，並於三月十七日星期二，找人來見證這些預測，標好日期並蓋了章。然後我就將文件放入檔案櫃，坐等春天的第一週到來。

夢中佳人

左頁就是該份文件的內容，以及其預測的成果。

Ｈ夫人所夢到的預知夢，並不如宗教先知那般百分百完美，不過也已經接近到足以令我為難，有些嚇到我了。那個對成交量的預測相當準確，對於那一波大漲也是；還有那些人們可以買進東方航空、霍尼韋爾和全錄從而獲利的建議，也是如此。

朵拉莉．H 夫人的預測

預測於華盛頓特區斯塔特勒－希爾頓酒店，時間為一九七〇年三月十日星期二，轉錄於一九七〇年三月十七日星期二。
在春季的第一個交易週，亦即一九七〇年三月二十三日至三月二十六日：

「交易量會從非常低到非常高。」
（結果：主要是因為郵務人員罷工，導致紐約證交所在該週一的成交量僅七百萬股。週三時，由於各大銀行發布利率公告，成交量飆升至一千七百萬股。）

「道瓊工業平均指數將上漲二十點。」
（結果：道瓊漲了二十七點。）

「霍尼韋爾會上漲五點。」
（結果：霍尼韋爾漲了五又八分之三。）

「全錄會上漲五點。」
（結果：全錄漲了三又八分之五。）

「東方航空會比其他各大航空公司漲得更多。」
（結果：東方航空漲了一又八分之一，來到十七又八分之三美元。該預測不大準確。全國航空〔National Airlines〕* 的表現與之相當，漲了一又四分之一，來到十八又四分之一美元。）

「其他各主要航空公司也會漲，但絕大多數會跌。」
（結果：全國航空上漲；美國航空上漲；西北航空上漲；海岸世界航空上漲；環球航空下跌；泛美航空下跌；布蘭尼夫國際航空下跌；達美航空上漲。除全國航空以外，沒有其他案例的百分比變化與東方航空一樣大。）

譯註：不同於今日與之同名的美國國家航空公司（正式公司名為 National Air Cargo Group, Inc.），該公司於一九三四年成立，並於一九八〇年為泛美航空（Pan American World Airways）收購。

我找不到任何能以理性方式做出這些預測的可能。即使是郵務人員本身，也沒人能在三月初就預知這場閃電罷工將在那特定時間發動。即使是各大銀行主管，也沒人會在三月初就知道那大家期待已久的利率公告，將於三月二十五日星期三宣布。事實上，後來經過我跟金融圈的消息人士慎重查證，才知道宣布該消息的決定，是在成交量低迷的三月二十三日星期一，透過閉門會議和祕密長途電話，突然達成共識的。道瓊指數在隔天，也就是週二，猛地上漲，顯示有知情者開始買進。這些人知曉銀行家們的決定，也知道週三將會是個大日子。週三當天也的確如此。

不，我也找不到H夫人欺騙我的任何證據。正如本書中的其他所有人一樣，在能自證清白之前，我都假定其有詐欺嫌疑。然就我所知，她沒有說謊。

我從來沒想過自己會這麼說。但如今看來，只要經過正確訓練，你也能「夢想」致富。

機率最高的狀態

在瑪摩利醫院研究了大量「明顯具預知性」的夢境後，霍諾頓和克里普納對這種現象似乎已見怪不怪。對於這種現象如何運作、未來事件如何在夢裡顯露預兆，他們沒有給出理論解釋。但他們相信，如果真的存在預知或其他ESP的表現形式，那麼這些情況更可能出現在夢境裡，而非在醒著時的日常生活中。

霍諾頓將夢稱之為「意識的變化狀態」（altered state of consciousness），有點類似透過致幻劑或其他藥物所能產生的不同狀態。他相信，在夢的狀態下，大腦可能更容易接收、或者能更好領會任何可能出現的預知感應。對於這些感應，清醒的大腦過於忙碌而無法注意到，或者過於僵化而無法接受。

要想接收些感應，只有大腦處在夢中的放鬆狀態下才有可能；而這樣的恍惚狀態，與瑪莉．塔爾米奇想觀測市場未來時所進入的半夢境世界非常相似。

霍諾頓研究了數百個由瑞因博士在杜克大學著名的ESP研究團隊所精心收集、驗證與分類的預知案例。他發現，在所有這些奇怪且令人困惑的準確預知案例中，百分之六十五都與夢有關。因此他有了結論：比起清醒狀態，在夢境中更有可能產生對未來的真實預感。

在這些預知夢的傳說裡，充滿了準得出奇的股市預測。比如艾德格．凱西，這位生於肯塔基州的業務員，後來以通靈解夢師的身分聞名，為許多人提供諮詢，教他們如何詮釋自己的市場預知夢。這其中，就有一對擔任股票經紀商的兄弟，他們用自身資金積極參與市場。兩兄弟經常夢到似乎預示了市場情況的夢境。他們的夢和朵拉莉・H的很不一樣，通常是象徵性的，起初很難加以詮釋，內容涉及了牛、熊、紅衣女子（顯然意味著虧損）及其他劇場出演人物清單，和一些舞臺表演動作等意義不那麼顯而易見的事物。凱西與兄弟二人合作，透過反覆試驗，最終他自認對兩人的夢境密碼做了相當準確的破譯。

在整個一九二〇年代，兄弟倆的夢境，對市場方向與個股走勢的預測愈發準確，甚至連凱西本人都開始參考他們一部分的夢境預測來買賣股票。早在一九二七年，這些夢境就已經開始預示著兩年後的股災。他們夢見一頭公牛追著一件紅色洋裝，並最終遭遇了各種困境，包括摔下懸崖、陷入流沙等。在一九二九年的大崩盤前，凱西和兄弟倆就已賣掉了手上所有持股。

埃爾西・賽克里斯特夫人（Mrs. Elsie Sechrist）是一位住在休士頓的女士，曾與凱西共事，直到他於一九四五年逝世。賽克里斯特夫人於一九六八年出版的《夢就是你的魔鏡》（*Dreams, Your Magic Mirror*）中，講述了一些其他的市場預知夢。其中有些夢境，和H夫人的一樣簡單直接，而非採象徵方式呈現。賽克里斯特夫人寫到，一名男子在幾年前以十八美元的價格買進一支股票，而後他夢見一個「外圍一圈白」的數字，二十五。當那支股票漲到二十五美元後，他就脫手了。隨後該股跌至十七美元，他再次買進。這次他夢到了外圍一圈白的三十五。想當然耳，該股漲到了三十五美元。他又一次賣出，而該股隨後跌回到二十美元。

瑪摩利夢境實驗室的人說，沒有百分之百保證誘發預知夢的方法。只有少數人看似能有意識地選擇夢境主題（他們透過在入睡前「下決定」來做到這點），絕大多數的人只能在夢境裡胡亂遊蕩，看到什麼就是什麼。不過，幾乎所有人都能透過練習，從而在醒來時記起當晚的夢。要想判斷你能否作預知夢的唯一已知方法，就是記錄你的夢境，然後觀察未來事件的逐日發展，並留意任何直接或象徵性的關聯。

「也許，每個人都能在自己的夢裡，攫獲預知未來的一閃靈光。」H夫人說。

是啊，也許。然而我也必須坦承，就我自身情況，關於市場的夢本就罕見，而且有比沒有還糟，它們只是讓我更加困惑。有一次，我夢見自己在百老街上放風箏，對面是美林證券的櫥窗，上頭顯示著當天的市場統計數據。一名女子倚靠在櫥窗旁，一邊吃著從紙袋裡拿出的水果，一邊發出某種關於「下週」的警告。我的風箏飛得歪歪扭扭，最終在空中解體，飄落到了街上。

我對這個夢的解讀是：市場將在接下來的一週裡下跌。結果並非如此，它漲了，而且還連漲三週。

「你沒有正確解讀這個夢，」H夫人說。「也許你沒有注意到所有的線索。當你一早醒來回想這個夢時，你應該再想久一點，去回想起所有的細節。」

也許。但也或許，我的夢境，就只是普通的、傳統上的那種胡言亂語罷了。

X

水晶球與靈擺

Devices

連通紐帶

華爾街一帶曾有家小雜貨店，店裡的老闆娘私底下會用水晶球去解讀市場的未來。她會根據顧客想要的詳細程度，收取十到一百美元的解讀費用。據傳她的客戶中，就有位當紅的年輕共同基金經理，其在一九六〇年代初聲名鵲起。而在老闆娘於一九六七年收起店鋪、搬走之後，那個共同基金也就慢慢賠光了。

珍妮．狄克遜與其他知名預言家，都會使用水晶球和其他相似的道具。他們的解釋是，這種道具本身沒有什麼魔力，只是一種視覺輔助，一種感知和整理自身想法的方式。如果你凝視水晶球足夠長的時間，你可能會看到各種形狀的成形與移動。它們並不在水晶球中，而是在你的腦海裡。透過使用水晶球，你可以讓原本隱藏於你腦海中的想法浮現而出（其基本原理就是如此）。

這跟塔羅的原理是類似的。塔羅大師們說，無意識的大腦知曉未來，但需要有東西協助，才能將其知識釋放到意識層面。理論上，這些卡牌能充當兩個思維層面之間的連通紐帶，提供過程中所需的幫助。從這個意義上來看，塔羅牌也是一種視覺輔助，水晶球等其他道具也是如此。如果某個隱藏著的意識層面確實知曉未來，而緊繃的意識真的壓制了這種知識，那麼擺脫這種困境的方法之一，就是使用這類道具。

你可以買個直徑三英寸（約七．六公分）的水晶球，大約五美元左右。那些更大的，也可能要價超過一百美元。有些靈媒說，裝滿水的普通金魚缸也能有同樣的效果。但在此我想告訴你我所見識到的另一種道具，製作成本不到一美元，還可以放在口袋或手提包裡隨身攜帶，並且能針對你的市場問題，給出直接、明確的答覆。

當然，SEC禁止我承諾其提供的答案準確無誤。

是，否，也許

為我演示該道具的女士名叫安妮．卡爾（Anne Carr），是一位年輕的紐約公關顧問。她有著深紅色的頭髮、黑色的雙眼，以及對神祕學抱持懷疑卻又很感興趣的態度。她是高智商組織門薩的會員，同時也隸屬玫瑰十字會。玫瑰十字會的全稱是「古老神祕的玫瑰十字教團」

（Ancient and Mysterious Order of Rosicrucians）[25]。當安妮・卡爾第一次敦促我去研究這個奇特組織時，我光看到組織名裡的「古老」一詞就快要受不了。她給了我一些玫瑰十字會的文獻讓我閱讀，裡頭講的都是從古埃及莎草紙上發現的黑暗祕密，以及「擴展自我邊界」、「宇宙生命力」之類的東西。

一九七〇年夏天的一個晚上，當我把文獻交還給安妮・卡爾時，我這麼告訴她：「我對宇宙生命力不感興趣。這一切都太模糊籠統了，實在沒什麼用。我真正想知道的是，這瘋狂的東西能讓你在市場上賺到錢嗎？」

「當然，」她的回答直截了當。

她拿出一塊紙板給我看，上頭有個十字型的圖案，就像這樣：

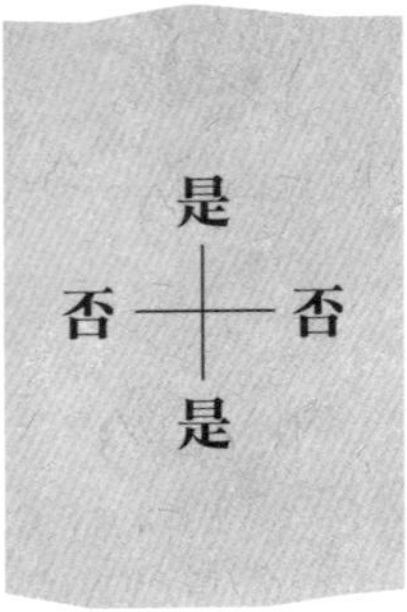

她拿著一個像是小鉛錘般的東西（一個掛在繩子上的金屬重物），懸在這十字圖樣上方。她用拇指和食指夾住繩子，伸直了手臂，讓手肘遠離軀幹。

「這個道具能回答關於未來的問題，」她解釋道。「你看，它的概念是這樣的，我不會有意識地去嘗試讓鉛錘朝任何特定方向擺動，我就只是把它放在這十字圖案上，想著我要問的問題。我的無意識則會透過鉛錘擺向『是』或『否』的方向，來給出解答。」

換句話說，正如她所解釋的那樣，這個道具也像塔羅牌一樣，是兩個意識層面之間的一種連通紐帶。

「問個問題吧，」安妮說。

我問道：「美國汽車的股票明天會上漲嗎？」

起初有段時間，什麼也沒發生。之後，鉛錘開始以順時鐘方向旋轉擺動。

「這就代表這個問題無法回答，」安妮說。「再問個別的。」

「好吧。那ＩＢＭ明天會漲嗎？」

25 譯註：該組織最初由一位美國廣告商哈維・史賓賽・路易斯（Harvey Spencer Lewis）於一九一五年成立，正確拼寫名稱為 Ancient Mystical Order Rosae Crucis，簡稱 AMORC。

過了一會兒，鉛錘開始沿著「是」的軸線擺盪。

「你不是有意識地讓它這樣擺動吧？」我問。

「沒有，當你問這個問題時，我的意識裡沒有答案。」

「我能進一步限縮問題嗎？」

「當然，試試看吧。」

我問道，「IBM會漲超過十點嗎？」

道具的回答是「否」。

「會超過五點嗎？」

是。

「超過六點？」

否。

我繼續這個限縮過程，直到我們來到五又四分之一到五又二分之一這個範圍內。當我詢問，這是否意味著該股會上漲五又八分之三時，鉛錘又開始轉圈，這問題無法回答。

在隔天的交易中，IBM上漲了五又二分之一。

我問安妮・卡爾，是否每個人都能學會使用這奇怪的道具。她說她是這麼認為的，但可能有些人用起來，就是比其他人有效。「加入玫瑰十字會，幫我提昇了我的通靈能力，」她說。

我坦承我的通靈能力（如果真有的話）相當微弱，但她還是建議我無論如何嘗試看看。我也就試了，我問起泛美航空的股票。

「泛美航空的股價明天會翻倍嗎？」我問。

這問題的答案顯而易見：當然不可能。我的意識可以理性推斷出答案，但我並沒有有意識地讓鉛錘往「否」的方向擺動，但無論如何，它就是往那方向擺。我猜測，是我手臂和手部的肌肉受到潛意識的影響，給出了理性的答覆。

當我把問題進一步限縮到我無法有意識知道任何答案的程度時，這道具仍持續給我「是」或「否」的解答。最終，它預測泛美航空將於隔天上漲一又二分之一點。

泛美航空跌了一又四分之一點。

「這需要練習，」安妮・卡爾說。

XI

魔術方陣

By the Numbers

北側與杏桃

到目前為止，我們研究過的大多數非理性市場技術，都至少有某種足以支持它們的基本原理。也就是說，即使你自己並不買單，你還是可以理解為什麼人們可能相信這種技術。儘管這些方法可能很怪、從科學上來看很荒謬，但至少有個基本原理來解釋它。這些技術的使用者，至少也做了些嘗試，來說明為何他們覺得這些技術有效。

接下來我們要來看的這種非理性方法，就我目前所知，沒有現代或科學的基本原理支持。其使用者只是說：「它有用，別問我們為什麼。」然後繼續念叨著什麼「古老智慧」。這就是被稱為「靈數學」（numerology，一譯數祕術）的偽科學：將神奇力量歸功於數字本身的一門技術。

你可能會認為這門科學天生就適用於股市，畢竟股票市場本身就是一場數字遊戲。不過靈數學家和市場很顯然並不對盤。我懷疑問題在於靈數學家的技術過於簡單。或者反過來說，問題在於市場那極大且往往令人震驚的複雜性。華爾街上有太多數字在流動，光是一天的分量，就密密麻麻印滿了每天早上那一張張的報紙。而典型的靈數學家根本不知道該運用哪些數字，或者又該如何運用它們。

這是所謂「古老智慧」砰地倒下的又一案例。也許靈數學的古老智慧，只適合用在更單純一點的年代。又或者，那些所謂的智慧古人，只是一群瘋子、傻瓜和騙徒。但我想，你已經知道我對神祕學這一行裡的古老智慧有何看法了。

基本上，靈數學應是透過將各種徵兆般或預測性的特質，歸因於特定數字上，藉此發揮作用。舉例來說，根據我讀過的一本相關主題作品，如果你夢見了杏桃，那你隔天的幸運數字會是二十八、四十和七十八。想當然，當你在那天要進行投機或玩些機率遊戲時，你就該去找找這幾個數字。然而，作者並沒有解釋他為什麼覺得是這樣，也沒說明為什麼這些數字和杏桃特別有關係。

根據另一本書，如果你遺失了某樣東西，那就去撲克牌裡抽一張牌，如果抽出梅花K，那就視為抽中數字十三（目前為止都夠合乎邏輯）。接著你要對應表格查找到十三號那欄，會發現你的失物「在房子北側的一個高架子上」。一切都是這麼玄妙與神祕，但同樣的，這其中你看不出任何基本原理，也看不到它有嘗試去解釋為何數字十三應該與房子北側的高架子有關。

我還遇到過另一位靈數學家，他有個名為「八號理論」的說法。真是好個股市技巧，寶貝！他的概念是這樣的：傳統靈數學中，數字八是物質財富的關鍵或指引數。因此這位靈數學家表示，當數字八出現在個股前一天的收盤價，或者是道瓊指數裡的時候，你都該加以買進。

我告訴他，一九六九年夏季某日，道瓊指數落在了八八八點，而後持續一路往下走向災難與毀滅。

「呃。」這就是靈數學家給我的解釋。

問題就是，傳統的靈數學並不適用於我們在華爾街玩的這場遊戲。也許它很適合用於人類活動的其他領域，我不知道，這點我也沒有仔細研究過。我只知道，我讀過許多拿數字玩把戲的傢伙的書，也與他們交談過，但其中真正認真研究過華爾街、且似乎有東西能告訴我們的，只有一位。

讓我來跟你說說這個人以及他的技術。其根本原理與背後的邏輯，毫不誇張地說，滿是漏洞。事實上，根本就跟瑞士起司一樣千瘡百孔。不過，就像我在本書中概述過的所有技巧一樣，你不必相信那些你不想相信的事情，一切取決在你。

超幻魔鬼方陣

這名男子名叫約翰・布倫納（Johann Brenner），是個瑞士人。他的銀行家朋友大多暱稱他為「約」（Yo）。他大約四十歲，性格溫和，並且和許多瑞士人一樣，對美國的股市和大宗商品市場懷抱極大的熱情。（「它們規模超大，我的老天，太大了！」）他喜歡數字，一度想要成為數學家，但耗盡大學學費也沒學成，於是成了一名銀行職員。如今的他是銀行業高階主管。他還是喜歡數學遊戲，會花上好幾小時研究數學謎題與難題。其中他最愛的，是魔術方陣（magic square，一譯幻方）。

根據一般的定義，魔術方陣就是像是這樣的東西：

4	9	2
3	5	7
8	1	6

其「魔術」的地方在於這些數字奇特而有趣的關係。首先，請注意該方陣由連續的整數組成，在上面的例子中，是一到九。這是構成魔術方陣的首要條件。其次，橫向的行、縱向的列，以及兩條對角線，各自的總和都要是同樣的數字，十五。

魔術方陣帶有的數學詩意，那閃亮的、一致的對稱性，早在基督教時代之前，就令數學家著迷歡欣。這個簡單的三乘三正方形（魔術方陣狂熱分子稱之為「三階」方陣），可能是最早被設計出的魔術方陣。從那時起，數學家們就一直在發明更大、更複雜的版本。幾個世紀以來，靈數學家和其他許多人都認為，這樣的方陣一定具有魔力或神祕學屬性。

「如此美麗的事物，**必然**有某種魔力！」約翰・布倫納說。「不然為什麼會有這樣的東西存在？這不可能只是一種遊戲，其中一定有什麼意義！」

必然？至此，我們陷入了最糟糕的哲學泥淖。愈是掙扎，就陷得愈深。到目前為止，還沒有人發現魔術方陣有任何合理的意義或實際用途。它們仍然只是一場遊戲。只有少數人不這麼覺得。

三年前，約翰・布倫納遇到了一些事情，令他陷入難以想像的狂喜。那是一種如此閃耀的純粹、如此加倍的對稱、如此深沉的神祕，以至於他聲稱，當自己在紐約公共圖書館發現要如何演算出這東西時，竟哭了出來。那是一個八階的超級魔術方陣（hypermagic square）。

八階方陣每邊有八個數字，也就是說，總共會有六十四的連續數字。要規劃出這樣大小的魔術方陣，是非常艱鉅的任務。不相信我的話，你可以自己試試看。（等等，我看還是不要好了，你會瘋掉。）而要想作出一個超級魔術方陣，更是難上一千倍。事實上這根本不可能。即使我親眼見證它的發生，也沒有改變我對它的感覺，就是不可能。這是因為，超級魔術方陣（有時候也被稱為「魔鬼」方陣）有兩個特性。

特性一：每一行、列和對角線，各自的數字總和都要相同，就和普通的魔術方陣一樣。

特性二：將每個數字平方、或者說乘以其本身之後，仍舊維持魔術方陣的基本規則。每一行、列和對角線，各自的數字總和仍然相同。當然，數字變得更大就是了。

靈數學家和其他數字愛好者都相當重視超級魔術方陣。用於建構它們的演算公式乃至完成的方陣本身，都被精心隱藏起來。一位靈數學家鄭重地告訴我：「這個魔法太過強大，不適合公諸於眾。」約翰．布倫納也是如此，當他發現推演八階超級魔術方陣的祕密後，竟然將方陣和推演公式都鎖到了保險箱裡。「全世界只有極少數人知道這個祕密！」他雙眼閃閃發光地對我說。

然而事實是，任何願意花時間在滿是灰塵的老舊圖書館裡閒逛的人，都可以發現這個超級魔術方陣的公式。這些祕密並未獲得妥善的保護。約翰・布倫納會因為我接下來的行為而生我的氣，但我要在此揭開其黑暗神祕面紗。以下這一坨數字，就是由一到六十四組成的八階魔鬼方陣。

如果你不厭其煩地驗算一下，你會發現每一行、列和對角線，各自的數字總和都是兩百六十。每個數字與自身相乘後，每一行、列和對角線，各自的數字總和將為一萬

八階超級魔術方陣，由數字一到六十四組成

5	31	35	60	57	34	8	30
19	9	53	46	47	56	18	12
16	22	42	39	52	61	27	1
63	37	25	24	3	14	44	50
26	4	64	49	38	43	13	23
41	51	15	2	21	28	62	40
54	48	20	11	10	17	55	45
36	58	6	29	32	7	33	59

一千一百八十。

美極了，這雙重連鎖的精確有序，幾乎美得令人心碎。但它到底有什麼用處呢？

啊，約翰．布倫納說，他有辦法將之運用於股票市場。

宇宙密碼

「要想將這六十四個數字組成魔鬼方陣，只有一種可能的方法，」約翰．布倫納說。「就只有一種。在所有數百萬種可能的排列中，只有一種可以構成超級魔術方陣。」

「好喔，」我說。「所以呢？」

像這樣挑戰他，實在不太友善。他變得情緒化，大聲嚷嚷、結結巴巴。平常他的英語說得相當流利，現在卻變得帶有德文喉音、句型顛三倒四。為了方便理解，在引用到他的話語時，我會加以還原整理。

「這一定意味著什麼！」他喊道。「這六十四個數字被固定在這套排列方式中。我跟你說，是完全鎖住！只要任一數字被挪出它的位置，這東西就分崩離析，整個方陣土崩瓦解、再也起不了作用。這當中必然有什麼原因。每個數字都被固定在自己的位置上，而且不能移到其他位置，這一定是有原因的。原因到底為何？」

「那你來告訴我，」我向他提出請求。

他傾身向前，熱切地顫抖著。「我已經找到原因了，」他聲音沙啞，低聲說道。「事實證明這些數字，包含數字本身以及他們在方陣中的位置，就是描述未來事件的密碼。」

「密碼？」

他嚴肅地點點頭。「我確信是如此。剩下的就是要破譯密碼了。我已開始著手進行。正如你所能想像的，這是一套非常複雜的密碼，我還沒有完全掌握它，甚至可能永遠都沒辦法做到。但我已經開始，每個月的成果都愈來愈好。我已經可以用百分之七十五的準確率，來預測股票市場了。」

他回憶道，他最初之所以會意識到這魔鬼方陣可能代表著一套密碼，是因為他在一次派對上偶然目睹了一次塔羅牌占卜。他和那名占卜師（一位女大學生）聊了一聊，並且被塔羅的基本原理給吸引，也就是卡牌能作為無意識思維與理性思維之間的連通紐帶。他和女孩討論了其他類似的神祕輔助道具，像是水晶球之類的。「我突然想到，我們也可以透過同樣的方式去運用超級魔術方陣。」

他想，這些數字可能代表著一套密碼，每個數字可能都訴說著關於未來的某些事情。（據他推論，）雖然我的理性思維，並不知道哪個數字對應我所提出的問題，但也許我的無意識思維知道。如果讓我的無意識思維去挑選數字，或許我的問題就能得到解答。

約翰·布倫納立即返家並開始構思能做到這一點的系統。從本質上來講，這個系統的工作原理，就類似安妮·卡爾的那套「是／否」應答道具。

他首先拿出一大張超級魔術方陣的影本（長寬為八乘八英寸，每邊長二十·三二公分，如果你也想自己嘗試的話），將其放在一個淨空的桌面上。他拿起一支鉛筆，閉上眼睛，問了一個和股市有關的問題。這問題可以很籠統，比如說下週市場的情況如何，或者也可以問特定個股。

他依然緊閉雙眼，手持鉛筆在魔術方陣上揮著，直到他停了下來，說：「我感覺到一股阻力。」根據他的解釋，這種感覺來自於他全知的無意識思維。他相信，正是無意識思維在試著引導他的手，落到某個數字上。當他感覺到「阻力」時，他就會讓筆尖落到紙上。他睜開雙眼，看看筆尖落在哪個數字上。

然後他拿起一副塔羅牌。自從兩年前開始這場瘋狂遊戲之後，他始終小心翼翼地避免洗到這副牌。也就是說，這副牌的排列順序始終都是一樣的。他默默數著牌，直到數到他神來一筆指到的數字。如果指到了數字十四，那他就數到第十四張，以此類推。他相信，這張卡牌回答了他的問題。

兩年前，他開始運用塔羅牌的傳統詮釋，你可以透過任何塔羅大師，或是幾本容易取得的書籍中學習到這些詮釋。（有關這些適用於市場的詮釋解讀，請參閱附錄。）幾個月過去，他在觀察各種預測成敗的過程中，逐步完善並且（相信他自己）改良了這套詮釋方法。他相信，隨著時間推移，他的系統會愈來愈理想。

正如我們先前提到的，標準塔羅牌組裡有七十八張牌，但約翰．布倫納的系統僅涉及六十四個數字。他解決這難題的辦法，是從整副塔羅牌裡移除掉小阿爾克納中一個花色（共十四張牌），也就是「聖杯」。（這花色對應的是現代撲克牌的十三張紅心，也是其原型。）如果你有讀過附錄裡的塔羅牌一課就會知道，對於股市預測來說，聖杯是當中最不要緊的一個花色。約翰．布倫納就認為，即使不納入這花色，他也能做得很好。

考爾斯通訊的飆漲

「所以你這套古怪的系統真的有效嗎？」一九七〇年九月下旬的某一天，我對約翰・布倫納提出了疑問。

「它當然有效，」他的回答充滿熱情。

「給我一些證據。」

他猶豫了一下，然後說：「好吧。對市場來說，十月會是個慘淡的月份。」

感覺全世界的神祕學行家都能做出這樣的預測。我問布倫納，是否有任何更具體的東西可說。

他說：「有的。我一直對考爾斯通訊（Cowles Communications）這支股票很有興趣。根據魔術方陣，對應考爾斯近期未來的數字，分別是十四和二十一。那是我問到關於考爾斯的問題時，頭兩次所得到的數字。而當我第三次詢問時，二十一再次出現。這兩個數字對應的兩張塔羅牌，基本上意味著『合併』和『牛市』。換句話說，當整體市場在接下來的一個月裡走下坡的同時，考爾斯將進入某種併購狀況，並且股價會上漲。」

「你已買了考爾斯的股票嗎？」

「我當然買了。買了一千股，每股價格四又八分之一美元。」

我將他的預測寫下，並給他簽名，之後將其密封於一個信封內再郵寄給我自己。信封至今依然密封，郵戳日期為九月二十九日。

十月中旬，考爾斯通訊公司將自己部分的雜誌出版資產，出售給《紐約時報》（*The New York Times*）。該項處置涉及股票互換交易，對許多投資人而言很有吸引力。到了該月底，約翰．布倫納的錢幾乎翻了一倍。

XII

大師們的預測總結

A Synthesis of Predictions

我們的一些神祕主義朋友，如今將爬出不被認同的處境，又或者（天曉得呢）是打算自絕生路。為響應我對每一位非理性市場參與者所提出的挑戰，他們將說出自己對未來幾年股市的看法。

我先前已經說過，但這裡我得再說一次。無論你對接下來提出預測的這些人有何看法，唯獨有個檢驗項目是你無從挑剔他們的，那就是勇氣。

不是所有非理性方法使用者，都願意回應這個挑戰。有些人顯然害怕在大眾面前出錯。還有些人雖然願意冒這個險，卻無法提供夠長範圍的預測。例如第四章的瑪莉．塔爾米奇，她專注於預測市場的短期波動。對她而言，半年就已經是太過遙遠的未來，因此不得不抱憾婉拒了我的挑戰。

在你根據這些預測，賭上你的房子、車子和最好的一雙鞋子前，美國證券交易委員會希望你再想想以下這古老的華爾街忠告：

「不應假設這些建議能帶來獲利。」

好了，拉開帷幕。女士們、先生們，在此為你們揭曉未來。

✡大衛・威廉斯（第五章）

根據威廉斯的理論，三顆最大的行星，也就是木星、土星和天王星，決定了股市的主要長期趨勢。（詳情請參閱附錄。）而據說較小、移動速度較快的內行星，則會沿著主要趨勢帶來較小的波動。這些小行星的影響，要說「不重要」也並不恰當，但如果我們試圖在此將它們納入考量，那這就會變成一篇複雜得讓人一頭霧水的論說文了。因此，儘管許多占星師（包括威廉斯）會提醒說這樣的預測可能過度簡化，但在此還是僅考慮三顆大行星的影響。

以下預測，是根據威廉斯追溯至十八世紀各大行星影響之研究，以及他對這些大行星未來於天上位置的推算（摘自他的小冊子《天體經濟學》〔*Astro-Economics*〕）。

一九七二年	沒有有效的重要行星影響。市場時好時壞，主要趨勢線可能基本持平，整年下來的淨變化很小。 譯註：一九七二年的美股正值穩步上漲的牛市。道瓊指數於該年首次突破千點大關，從年初約八八九點，至年底的約一〇三六點，漲幅近百分之十四・五八。

一九七三年	更加動盪不定的市場。截至年底前淨變化很小，但屆時可能開始上漲。 譯註：一九七三年起美股緩步下跌，道瓊年中一度跌破九百點。儘管後來迎來夏季反彈，但在十月碰上第一次石油危機，自此幾乎一路跌到年底。該年度道瓊指數淨變化為負百分之十六・五。
一九七四年	牛市！ 譯註：一九七四年的美股延續去年的跌勢，道瓊指數在該年最低跌至五百七十七・六點，年間跌幅達百分之二十七・五，可說是絕對的熊市。
一九七五年	沒什麼重大的行星影響可言。可能是一九七四年牛市的延續與見頂。 譯註：一九七五年起市場復甦，道瓊指數自年初最低的六百三十二點，最終回到八百五十點以上，年間漲幅約百分之三十八・三。
一九七六年	熊市，而且可能是極端的熊市。 譯註：一九七六年，美股大致延續去年漲勢，直到道瓊指數登上千點大關後來回震盪。年間漲幅約百分之十七・八。
一九七七年	緩慢上漲趨勢。 譯註：一九七七年起美國股市緩步下跌。道瓊指數全年最低曾跌至八百點。年間跌幅約百分之十七・二。

一九七八年	**更多相同狀況。** 譯註：一九七八年，道瓊指數於年初跌破七百五十點，此後拉回，於八百至九百點區間震盪。年間跌幅約百分之三・一。
一九七九年	**下行趨勢。可能還沒糟到會被稱為真正的熊市。** 譯註：一九七九年，美股延續去年盤整走勢，道瓊指數幾乎全年都在八百至九百點區間來回。年間漲幅約百分之四・一。
一九八〇年	**牛市！** 譯註：一九八〇年，儘管美股於三、四月遭遇崩跌，道瓊指數最低滑落至七百五十九點左右，但此後行情回穩，年底一度重回千點大關。年間漲幅約百分之十四・九。
一九八一年	**再次下行。** 譯註：一九八一年初，美股仍小有漲幅，但自三月以後持續下行，道瓊指數最低跌回八百二十四點左右。年間跌幅約百分之九・二。

✡ 瑪德琳・莫內（第五章）

透過對星象事件有些不同且更複雜的解讀，莫內小姐看見了這樣的未來：

一九七一年	歷經牛市開局之後，下半年股價將下跌，但不會跌得太快。 譯註：道指於四月達九百五十點後轉跌，一度跌破八百點。年底以八百九十點作收。
一九七二年	一九七一年的下行趨勢趨於平緩，但沒有其他令人興奮的事情發生。基本上市況平淡蕭條。
一九七三年	小幅來回波動變得更加極端，但在秋季之前，主要趨勢基本上保持平淡。之後可能開始上漲。
一九七四年	大牛市。「一個令人興奮的市場，」瑪德琳・莫內如是說。這可能是道瓊指數史上最好的年份之一。
一九七五與一九七六年	「我只能說，這兩年很難預測，而且讓我擔心。」

✡朵拉莉・H（第九章）

「道瓊指數將在一九七四年五月十六日後的幾天內，或者同年萬聖節後的幾天內，觸及一千點大關。」（譯註：一九七四年美股大跌，道瓊全年最高僅約八百九十一點。）

這個預測源自一個夢。夢裡，H夫人發現自己在六十大壽的生日派對上獲得盛情款待，當天正是一九七四年五月十六日；但夢裡的另一部分，她似乎正在分發萬聖節糖果給門口的孩子們。因此，她對日期有些困惑。

她已逝的丈夫和她一起參加了生日派對，也參與了「不給糖就搗蛋」的環節。他似乎在用興高采烈的語氣討論「千點大關」，那個華爾街苦苦追尋的聖杯。

✡克萊兒・尼爾夫人與湯瑪斯（第六章）

尼爾夫人的報告是：「如果我沒聽錯，湯瑪斯告訴我，從一九七一至一九七三年，這三年間，每年從七月或八月開始，都會出現一波非常劇烈但短暫的夏季反彈。」

她對此的解釋是，在這幾年裡，她都可以在初夏時分散買進多支股票並在初秋時脫手，藉此獲利。

（譯註：根據道瓊指數，一九七一與一九七二年之七至八月間，均有明顯漲幅；唯一九七三年之七、八月間，呈現下跌走勢。）

✡ 榮恩・沃莫斯（第八章）

「大體上，小型投資人在一九七三年之前，在市場上沒有什麼賺大錢的機會。而且直到一九七四年以前，都不太有大賺一筆的可能。一九七一和一九七二年有得賺的，是那些懂得利用保證金買進與賣空等技術，以及為在市場上快速獲利而不懼承擔風險的老練投資人。對於那些自縛手腳、只會買進並希望價格上漲的小投機者來說，這兩年沒什麼賺頭。」

✡ 約翰・布倫納（第十一章）

布倫納的超魔術方陣告訴他，長年牛市將自一九七三年中開始。

以上這些預測的相關程度算是相當顯著。

我們就等著看，接下來會發生什麼吧。

XIII

所以呢？親愛的有志者們

Where Now, Sweet Aspirant?

親愛的讀者，如今我們已經遇過許許多多詭異、奇妙的人物。也許對你來說，這些全都狗屁不通。也許你會發現他們所有的理論、基本原理、偽科學等，對你的理智而言全然無法接受。你認為他們全都是瘋子或騙子，滿嘴胡言亂語。

如果是這樣，那麼請在此闔上本書，帶著我滿心的祝福離開吧。回到那屬於理性人的世界，去向經紀商的研究部門、合法立案的顧問服務機構以及雞尾酒會上的消息人士尋求建議。到頭來，你走的路可能才是對的，還能讓自己大賺一筆。你還能獲得一個非理性方法使用者無法獲得的額外優勢：沒有人會嘲笑你。

然而另一方面，或許你還沒準備好要回到理性世界。或許，在這充滿女巫、夢想家、觀星者和其他奇異人士的世界中，你在某個地方學到了一些會激起你好奇心、或為你開闢新思路的東西。你會想，也許這種種瘋狂的市場方法裡，會有一種適合你。你其實沒被說服，我的目的也從來不是要說服你，萬一我真的說服了你，那也絕對是不小心的。不，你沒有被說服，只是好奇，你想要知道更多。

如果是這樣，那麼你就不再單純是個讀者，從現在起，你是個有志者了。

本書的附錄內容，僅適用於有志者。

看得出來，本書的附錄無法為你提供神祕市場技術的全套課程。每種技術都有其各自的專家，如果你決定要進一步探尋或深究，你應該去向這些人尋求訓練指導。附錄的目的，僅是為了協助你入門，並以盡可能簡要的方式向你展示，如果你選擇認真學習該類技術時，會遇到哪些內容。

天曉得哪裡才是你的終點？有些有志者會成為行者，而有些行者會變得有錢。

附錄

市場的神祕制勝之道

Lessons on Winning Weirdly

第一課　感應型的技術

各位有志者，我們已經知道，神祕主義的市場參與者往往分為兩大類：感應型和儀式型。儀式型的技術涉及卡牌、星圖等具體、有形的事物，相對容易傳授。但感應型的技術，包含預知、作預知夢、招魂等，就不是那麼容易傳授的了。而且據我所知，根本教不了。

像T．O．杜利與傑西．李佛摩這類感應型，都無法著手傳授他們的奇特技能。首先，他們連自己的技能到底為何物都解釋不清楚，更別說傳授給別人了。不過，還是有些其他的感應型，如瑪莉．塔爾米奇（第四章），他們相信這種才能可以傳授，也有嘗試開班授課。

瑪莉．塔爾米奇說，如果你想成為像李佛摩那樣的預知者，首先該練習「澄靜你的思緒」。意思就是，將所有有意識的想法都從腦海中排除。你可能需要幾個月時間，才能達到這種涅槃狀態。做到之後，你就能讓圖像「彷彿由外而內」飄入你的腦海。這些圖像（你夠幸運的話）將會與未來有關。最後則是累積經驗，去學習如何識別這些圖像，並以股市的角度去解釋它們。「每個人都會發展出、識別出屬於自己的一套圖像，」瑪莉．塔爾米奇說。

根據艾爾．曼寧（第六章）的說法，要想去認識你的密友（或說寵物鬼魂）的技巧，其實也差不多。你需要的只是花很多時間獨自坐著，清空思緒，這樣一來，鬼魂就能讓人們感知到祂們的存在。假以時日（也許要幾年時間），你就能和祂輕鬆交談。有時你甚至可以看見祂。一旦你們熟識之後，你就可以向祂詢問市場提示了。

關於預知夢，專家們表示，你首先要訓練自己，在醒來之後還能記得你的夢。你可以透過在入睡前做出有意識的決定，來做到這點，像是告訴自己：「明早醒來，我會記住的。」一夢境實驗室那夥人說，透過練習，這很容易做到。接著，跟瑪莉．塔爾米奇的那套方法一樣，你就要開始學習識別和解釋自己夢境裡的意象。你的預知夢（如果有的話），可能不會像H夫人（第九章）那般直接或切題。夢境裡可能充滿象徵，你需要透過反覆試誤，來弄清楚這些符號的涵義，以及它們在預測市場方面是否具有價值。

關於感應型的技術，我能告訴你的實在有限。如果你真的想成為一個市場感應者，最好的選擇可能還是去找像瑪莉．塔爾米奇這樣的人，讓他們親自教你。

我覺得有必要先行和各位報告，我已嘗試上述所有技術，但它們對我來說，絲毫不起作用。我沒有感應到值得我花費時間的預感，沒夢見有價值的夢，也沒遇到能幫上忙的鬼魂。

瑪莉．塔爾米奇說，這只是因為我練習得還不夠。

第二課　占星術

要說讓你成為正牌的占星師，那顯然超出了本書範疇。一套完整的占星課程可以寫滿整本書，而且還可以寫滿好幾本。相對的，我所能做的是概述基本的占星技術，向你展示它可以如何應用於市場，並為你提供更詳細的資訊來源。

基本原理：人是宇宙的小齒輪

事實證明，有參與市場經驗以及提供市場顧問服務的占星師不在少數。占星師作為一個群體，在華爾街上，其占比比其他任何類別的神祕主義者都來得多。他們有的是明目張膽的詐欺，有的只是單純的瘋狂。而當中最為冷靜且最為迷人的，是一個名叫約瑟夫．F．古達維奇（Joseph F. Goodavage）的男子。（這麼說的原因之一在於，他說的、寫的都是人話，而非占星行話。）

如今四十多歲的古達維奇，曾經是名新聞記者。一九五〇年代末，由於被指派撰寫一篇相關主題的曝光報導，從而對占星術有了興趣。一位占星師警告他，「機器和不可靠的陌生人」將在未來某特定日期對他構成威脅。到了那一天，古達維奇差點在一場因陌生人酒駕造成的車禍裡喪生。「你很難忽視這樣的經歷，」他說。「從那天起，我不再將占星術視為迷信，而是當成科學來研究。」他的研究說服了自己。他最終辭去新聞記者的工作，成為全職占星師。

當被問到該如何解釋占星術為何有效時，古達維奇說，宇宙就像臺巨大的機器，而裡頭所有零部件都相互關聯。人類就是這臺機器上的一個微小齒輪。「你說那些天體都太遠了，無法影響到你，」他說。「好，那就從這個說起，太陽呢？沒有它的輻射，我們都將無法生存，不是嗎？」

「這個答案顯而易見，」我跟他說。「但是……」

「那些星星也一定會影響我們，」他繼續說道。「如果你看見一顆星星，那很顯然它的光、它的輻射，也接觸到了你。你生命中的每一天，都受到這些來自外太空的輻射轟炸……」

古達維奇的觀點是，所有這些宇宙能量，勢必以某種方式影響到人類和人類的世界。與大衛・威廉斯一樣，古達維奇認為，人本質上是個電子儀器，永遠都會受到自身世界之外的能量影響而被推過來、推過去。

占星師們就是依據這樣的理論，認為這些宇宙能量的影響，在轉化到人類活動層面時有一定的規則，也因此在某種程度具有可預測性。在地球繞著太陽公轉三百六十五天的過程中，我們就暴露在不同形式、不同強度的能量之下。其中有些能量，在我們每次繞圈時都會重複出現。就比方說，到了明年的五月二十二日，我們又處於繞圈路徑上的同個位置，因此屆時也會受到一些和去年、前年五月二十二日相同輻射所帶來的拉扯或推力。

出於實用占星術的需要，在個人或公司整個生命週期的參考系中，這些恆星的位置基本上都是固定的。它們構成了占星師進行計算的背景。占星師會知道，同一顆恆星，會在特定日期年復一年地，出現在天空中的相同位置。知道相同的恆星會固定出現在那裡，他就能推論出，會有相同的輻射從這些恆星所在區域射向我們。

然而，當地球繞著太陽轉時，其他行星也以不同的速度旋轉繞圈，我們的衛星月球也一直繞著我們轉。今天太陽、地球、月球與其他行星排列的位置，和去年同日並不相同，一年之後的情況也會不一樣。占星師相信，行星排列對我們的影響，和那些恆星的影響同樣地強烈。因此，對於他感興趣的日期，他就必須計算出那天所有行星所在的位置。對他來說幸運的是，太陽系的運動風格崇高而有序。土星每二十九・四六個地球年繞行太陽一圈，對水星來說則用不著三個月的時間。這些公轉週期，不至於在人的一生中、甚至十代人的時間裡，出現什麼能帶來影響的改變；也因此，一個勤奮的占星師，實際上能繪製出從過去到未來、任一他想看的時間點的行星位置圖。

一旦他畫好圖表——比方說，是一張以你的出生地去看你出生那一刻的天空地圖——那他就有了一張他所認為的宇宙能量圖；這張圖能顯示出，當你人生第一次呼吸時，有哪些類型和強度的能量，影響了你身體的電子系統。占星師相信，這一組特殊的能量，對於形塑你的性格與最終命運有很大的影響。他會稱這張星圖為你的個人星盤（本命盤）。透過將個人星盤與未來任何一天的星象圖（或說能量組合）相對照，他認為自己就能大致告訴你那天會發生些什麼。

占星師們也承認，他們並不清楚這些能量究竟是如何塑造人類的性格與命運。「我們只知道，某些行星位置意味著一件事，而另一個位置則代表了另一件事，」古達維奇說。「兩千多年來，占星師們一直在收集和完善此類數據，主要是透過反覆試誤來做到這點。經過這麼長時間，我們非常確定，我們知道自己在說些什麼。」

與許多其他的神祕主義者一樣，占星師對於其背後的悠久歷史感到自豪。他們低聲地宣稱，占星術是古巴比倫人或希臘人或中國人發明的，並且誇大地談及古老智慧之類的東西。當然，這套古老智慧的說法實在愚不可及，而你也不該被這點蒙蔽。沒有充分理由能認為古巴比倫人比我們更聰明。實際上，他們可能還要更笨一些。古巴比倫裡的傻瓜數量，應與現代洛杉磯或紐約的傻瓜數量比例相當，這點毋庸置疑。因此，光是「發明於巴比倫」（或中國，或其他古代類型的地方）這一標籤本身，在邏輯上無法說明什麼。占星術歷史的重要意義在於，其收集和完善數據的工作已經持續了很長時間。一代又一代的占星師仔細研究數據，觀察預測的成敗，摒棄錯誤的假設，並增添新的改進。「占星術已有夠長的發展時間，讓其在統計上變得有效，」古達維奇說。

準備好上課了嗎？

正如我先前提到的，只要你想，占星術要多複雜，就有多複雜。即使是佐拉、瑪德琳・莫內和約瑟夫・古達維奇這樣的資深人士，也仍持續閱讀與研究，並且不斷為他們的個人技術增添新的改進。我的目的只是向你展示這些觀星者的科學是什麼模樣，並讓你對你所踏入的這個領域有點基本概念。而後，如果你依然感興趣，那你可以根據自身的喜好程度，去決定要鑽研到什麼地步。

好了，同學們，請注意。角落裡的那位同學，抬頭挺胸坐直了，放下你手上的馬丁尼。接下來幾分鐘的內容可不簡單。

占星師們將宇宙劃分為十二個相等的天空經度區段。每個區段各占三十度，加起來自然是三百六十度，也就是一個完整的圓。這個圓就叫黃道帶（黃道十二宮），其上一個區段就是一個星座。這些星座的名字你想必很熟悉：牡羊座、雙子座、天秤座、寶瓶座等。黃道十二宮的這種劃分多少有些武斷，基本上就像是對街道的命名，好讓占星師們知曉他們正談論的是星圖的哪一部分。

接下來，地球繞太陽一圈要三百六十五天，在這三百六十度黃道帶上，大約每天移動一度。隨著我們繞著圈子跑，太陽會介於我們和黃道帶的連續部分之間。換句話說，（從我們的角度來看）太陽彷彿在一個星座接著一個星座地繞著黃道帶運行。在占星術語裡，當太陽位於我們和宇宙的某特定區間之間時，我們就會說太陽落在某星座。由於我們每天大約移動一度，因此太陽會在每個星座裡停留大約一個月的時間，並且每年都會回到每個星座一次。

現在我們來到占星術最簡單、最基本的概念，所謂「太陽星座」，也就是太陽在一年中的特定時間裡所身處的星座（或說天空經度區段）。例如每年的一月一日，太陽位於摩羯座這個區段。如果你是一月一日出生，那麼你的太陽星座就是魔羯座。

占星師們認為，就人類事務而言，太陽是所有天體中最具影響力的。（單就這點來說，其實科學家們也是如此。）這就是為什麼占星師會聲稱，光憑你的太陽星座，就能推斷出一些關於你以及你未來的資訊。你的太陽星座是你個人星盤裡最重要的單一要素。大多數報紙上的占星專欄，就只討論太陽星座。（「摩羯座今日要小心避免爭吵……」）絕大多數量產的星座性格解讀，也會單獨使用太陽星座。（「巨蟹座的你不輕易發怒，但容易記仇……」）然而，大多數占星師認為，這種光看太陽星座的占星術過於簡化，實際意義有限。它確實也過於簡單，以至於在股票市場上沒什麼用處。

因為在占星術的理論中，太陽並非唯一影響人類事務的天體。月亮每月繞行我們一圈，每隔幾天就會進入一個新的星座。（因此，你不僅有太陽星座，還有月亮星座，也就是你出生時，月亮所行經的天空經度區段。）還有一群其他的行星，每一個都在以自己的速度繞著太陽公轉。從地球上看，每個行星都在以自己的速度和別具一格的方式，在黃道帶上來來去去。在占星理論裡，每個行星都會根據其與地球、太陽、月亮和其他行星的相對位置，從而對我們產生獨特的影響。（占星師將太陽、月亮，以及其他「真正」的行星，都統稱為行星，這是為了方便起見、節省文字，而非他們對科學一無所知。）

因此，要讓占星術發揮完整作用，你需要知道所有行星在指定的時間點會落在黃道帶上哪個位置。要做到這點，你可以透過購買的方式，或到地方圖書館去找到星曆表（*Ephemeris*）。這是依照週、日、小時列出行星位置的出版品。你能買到追溯至中世紀的星曆表，也能買到往後幾個世紀的。

當你首次瞥見星曆表時，你會為其顯而易見的複雜性感到震驚。它看起來像希臘語，事實上它某部分確實是。但先別絕望。你所看到的是一個占星速記系統，它真的很簡單，一個小學生也能在短時間內學會。（我稍後推薦的書也會很清楚地解釋它。）每個黃道帶星座與每顆行星，都由某種符號代表，通常是一個希臘字母。除了星曆表中的這些符號外，你還會看到數字，這些主要指的是弧度、弧分。它們所表示的，就只是一顆行星行經一個星座時走到了哪裡。還有一些其他的複雜情況，在你翻閱表格幾小時後就能弄明白。星曆表本身可能就有附一套解釋性說明，來為你指引方向。所以其實沒什麼，真的。

有了這本看起來很科學但其實很簡單的磚頭書，你就有了工具，可以對你感興趣的任何關鍵時刻，比如你出生時，這輪子的哪一部分正在你的頭頂上。他們不僅想知道你離開母親子宮時，太陽是否位在金牛座又或者土星位在天蠍座；他們還想知道，在那特定的時刻，太陽所在的金牛座是否正在升起（他們稱之為上升星座），或者土星所在的天蠍座是否剛剛落到你西方的地平線上（自然，這稱為下降星座）。他們會透過查閱星曆表並進行一些簡單的計算，來取得所有這些資料。

「透過練習，這很容易，」約瑟夫．古達維奇保證。約瑟夫是個誠實的人，他不會在這樣的事情上撒謊。

找出行星排列後，你要將這些資料輸入到一個（或多個，取決於你想預測的內容以及你所期待的精細程度）看起來很神祕的東西上，稱為星盤（horoscope chart，或稱天宮圖）。這樣的圖表，本質上是一張統一格式的天體圖。這是個劃分了十二區段的圓輪，你可以在上面輸入標示黃道十二宮、行星、上升星座、下降星座等位置的符號。圖表本身沒什麼魔力，儘管你寫在上面的希臘字母和一些看似瘋狂的符號，讓它看起來非常深奧與神祕。它其實也只是一種視覺輔助工具，一種以方便的圖樣形式來展示所有數據的方法。它能夠讓你快速查看各星體間的角度與其他相互關係。

所以最終你會得到一組詭異而神奇的輪狀圖表。你會知道一九〇八年的五月三十日，月亮會位於雙子座，金星位於巨蟹座，牡羊座會在美國當地時間凌晨兩點左右上升，以及許多其他有趣的事實。所以呢？接下來要做什麼？知道這些事實可以幹嘛？

嗯，首先你要先讀一點書，或者透過函授或當地的專業人士（比如古達維奇或莫內），參加一些占星速成班。（稍後我會跟你推薦一些書籍和老師。）從書籍或老師那裡，你會了解到各種星座和行星的涵義，及其相互關係。

正如我反覆提到的，你想要多簡單，它就能多簡單。你可以只考慮十二星座，以及包括太陽和月亮在內的十個行星。（冥王星通常被排除在外，因為它直到一九三〇年才被發現，而且還沒人完全知曉它的涵義。）就人類事務而言，星座和行星的主要影響並不難了解。你可以記住它們，或者隨身帶著幾本占星參考書。同樣地，也只有幾組重要的關係需要擔心：像是一些關鍵的角度，比如六十度、九十度；還有些奇怪的問題，例如哪個行星「守護」（rule）哪個星座（也就是該行星展露的影響最接近哪個星座）。

一旦你徹底掌握了這些相對簡單的內容，你就是個占星師了。接下來，你可以繼續研究那些相對不重要的關係以及次要的影響，直到你的眼力、或者你的耐心、或者你的股票投機帳戶、又或者三者都消磨殆盡為止。

你的最後一步，是將占星知識運用到股票市場上。主要有以下三種方法。你可以選擇任一你感興趣的方式，或者（就像大多數市場觀星者所做的那樣）你可以自行組合搭配、添磚加瓦。這三種主要方法是：

一、**個人擇時法**。研究你自己的本命星盤（基於你的出生時間與地點），並從中推斷出你在市場上下注成功率最高的年份、月份與日期。

二、**企業占星術**。就像運用個人的生日那般，運用公司的成立日期來研究公司的星盤。你要找的，是星盤預示其即將取得輝煌勝利的公司；當你找到，那就買進該公司的股票。

三、**整體市場預測**。你研究星象，尋找即將到來的牛市或熊市的整體跡象。然後，你要在熊市底部買入，並在牛市頂部賣出或者賣空。

我們來看看每種方法的具體內容。

個人擇時法

對我而言，個人擇時法是三種方法中，理智上最無法接受的。當然，我並不是專業占星師，可能有些事實是我沒意識到的，也許我對某些觀念的理解有偏差，或完全搞反了。我欣然、甚至熱切地承認這些可能性。如果你願意，我強烈建議你與我持相反觀點。只是在我看來，個人擇時這個方法確實帶來某些邏輯上的難題，造成讓人煩惱且難以平息的小小矛盾。

假設我的本命星盤顯示，我在明年十二月三日至十日之間，進行的任何財務或商業投機活動，碰巧都有好運。星盤告訴我，那週的我好運無人能擋，觸手所及皆成黃金。好，所以我就買了些我最喜歡的股票，比如美國航空。

因為星盤說了，我好運擋不住，所以美國航空必然上漲，非漲不可。

但是請等一下，那麼同一週裡買進美國航空的其他數千名散戶呢？他們之中，總有些人的星盤預測結果會與我的情況相反，說他們那週可悲的小小投機，將以黯淡的悲痛和毀滅收場。而且，一定有更多人的星盤表明，他們在那一週裡不會有什麼特別的事情。

那麼問題來了，誰的星盤更占上風呢？每個人都會因我無與倫比的好運而搭上順風車嗎？或者我會因其他投資人的糟糕運勢而被拖垮？還是說會發生某種平均現象，最後大家不賺也不賠？

占星師為這些問題提供了解答，我會寫在這裡，只是我不必然贊同任一答案。

答案一：「我親愛的朋友，如果你的星盤表明你在那週會成為贏家，你就會成為贏家。無論如何，它就是會發生。你知道，星星以神祕的方式運行，它們永遠不會錯。別去挑戰它們。要有信心，別問蠢問題。」

答案二：「OK，好，你和其他一些星象上遇到狀況的人同時買了美國航空。但別忘了，要在市場上賺錢，不只要買，也得要賣。星星的意思是你注定會在對的時間點賣出。而其他可憐蟲則會因為抱太久或其他之類的情況，最終悲慘地大賠出場。就算你們都在同一週裡買了同一支股票，依然是你贏他輸。」

答案三：「沒人對此進行過統計研究。但也許在那週買進該股的每位投資人，其實在星象上都有著良好的財務前景。也許這一整群人之中，沒有哪個投資人的前景真的極其糟糕。也許占星術比你想的更準。」

這樣啊，好喔。我感覺這是一座哲學迷宮，而我將永遠找不到出口，但也許你能找到。也許個人擇時法對你而言頗有道理。如果確實如此，以下是占星術裡一些主要且最可靠的投資時機公式：

一、首先，找出並記下太陽、金星、木星和天王星在你本命星盤裡的位置。這些行星被認為對投資和投機的影響最為正面且強大。特別是木星，當它位於對的位置，並與其他行星形成有利的角度時（用占星術語來說，當它們形成良好的相位時），它就是這些股市行星中最甜美誘人的存在。占星師們稱木星為大吉星（Greater Fortune），金星則是小吉星（Lesser Fortune）。

二、也請找出並記下土星和月亮的位置。當這些行星處於所謂的不利相位時，只要你一不小心，就必然成為市場上的輸家。（月亮會為了其他考量，選擇犧牲金錢；而土星通常就只是個該死的麻煩製造者。）

三、來看你的上升星座，也就是在你出生時、剛從東方升起的星座。也要注意當天有哪些行星位於該星座。如果太陽位於上升星座（換句話說，你生於日出時分），那就投資這檔事而言，你自然享有終身優勢。雖然這優勢不大，但至少有優勢嘛。如果木星位於你的上升星座（換句話說，你生於木星東升時），那麼也是同樣的道理。（然而，如果你的上升太陽或木星處在不利的相位時，這些令人愉悅的預測就沒用了。困惑嗎？請再耐心聽我說一會兒。）

四、現在看到下一個要升起的星座，也就是上升星座之後的那個星座。上升星座和任何恰好位於其中的行星，就是你的第一宮。其次上升的行星（照邏輯來說）就是你的第二宮。這第二上升的星座，對你的財務生活至關重要，也就是「財帛宮」。如果你第二宮碰巧是金牛座，那你就有了終身優勢。（金牛座在占星術裡被描述為一頭公牛。幸運的是，這與華爾街裡所謂「牛市」（bull）一詞相同。）如果太陽、金星、木星或天王星位於你的第二宮，你也會獲得終身優勢。如果你的第二宮裡有兩顆這類行星，那你投資路上順風順水；如果你有三或四顆，那你已是百萬富翁，沒必要讀這本書了。

如果你的第二宮是雙魚座或寶瓶座，那麼在你試圖擊敗華爾街的過程中，將終身面臨不利的情況。這些困難並非不可克服，只是它們會為你帶來麻煩。如果土星或月亮在你的第二宮，狀況就更糟了。如果第二宮是雙魚座，且土星和月亮都在這裡，我想你很顯然已經一敗塗地，你買的每支股票都不靠譜。（然而幸運的是，在星盤中呈現這種情況的人，對金錢都不感興趣，更別說股市了。我的觀星消息人士告訴我，這樣的人無論男女，都極不可能會費心拿起這本書；就算真的發生，他們也沒有閒錢可買。）

五、接下來你要根據角度關係來進行一些計算。如果你的本命星盤繪製正確，你會有一個輪狀圖，分為十二區段，每段夾角為三十度，輪上的各個地方標滿了星座與行星的位置。請留意每個星座和行星之間，在角度方面的相互關係，比如說這個星座和行星、與那個星座與行星之間大約呈九十度；而另一個組合則幾乎彼此迎面相對，只差了幾度，諸如此類的。在占星術理論中，這些角度關係非常重要。以下列出最重要的關係、名稱及其意義：

零度角，或稱合相（Conjunction），意味著兩顆行星處於同一星座中，且相距不超過十度。這個角度或相位可好可壞，取決於具體情況。

九十度角（Square，四分相）和**一百八十度角**（Opposition，二分相）是最糟的兩個角度，它們通常意味著麻煩。

六十度角（Sextile，六分相）和**一百二十度角**（Trine，三分相）是最好的兩個角度，尤其是三分相，就是最理想的。如果你有某東西和某東西形成了三分相，歡呼吧。

還有其他許多瘋狂角度，例如什麼補八分相（Sesquiquadrate）、補十二分相（Quincunx，這詞在我聽來像是某種討人厭的熱帶疾病），但你可以把這些放到你日後的占星術課程再來學。它們跟我先前列出的幾個相比，不被認為有那麼重要。

現在，你得先研究你的本命星盤，看看都有哪些有意義的關係。如果你的星盤裡有木星金星呈三分相或六分相；金星與太陽呈三分相；天王星位於與你第二宮呈三分相的星座中，諸如此類的，那麼你身為投資人，基本上狀況良好。但如果你有以下的糟糕配置，那投資的狀況就不太理想了，比如：土星木星呈四分相或二分相；或者雙魚座裡的月亮和你的第二宮呈二分相；又或者土星、月亮在不同方向上都和你的快樂行星呈四分相。（如果這一切對你來說，聽起來都像繁冗難解的天書，也許那正是因為它是天書沒錯。

反過來說……誰知道呢？最最瘋狂的事實是，這些股市占星師確實賺到了錢。）

六、在你研究完本命星盤並將關鍵事實牢記在心後，接下來你就能拿出你可靠的星曆表，來研究未來幾週和幾個月的行星排列。你把那些看來大有可為的日子也畫出星盤，並在精神上、或者實質上將它們疊在你的本命星盤上。接著你要確認是否有有利的角度、排列方式，能增強你的好運或抵消你本命星盤裡的厄運。比如：

a. 假設你的本命盤顯示，射手座是你的第二宮，且金星也位在射手座，與木星呈六分相。這樣很好，只要沒有來自其他行星的特別不利相位，這對股票投機而言算是個討喜且整體有利的基本條件。好了，你開始尋找未來的某個時間點，能加強這個好的開始。例如每年十一月二十二日至十二月二十二日這段期間，基本上就是你的獲利時機。因為那時太陽位於你的第二宮射手座，如果木星在這段時間裡，與太陽形成三分相或六分相，你的狀態就會更好。如果金星或其他有利的小行星同時與木星形成三分相，那你就可以準備在年後辭職，你要發大財了。

b. 或者，假設你的本命盤裡有某種財務上的困境。這麼說吧，你的土星與木星呈二分相，且更糟的是，月亮位在你的第二宮。真是要命！不過還請放心，你可以找找看有哪一天能幫你消弭這樣的折磨。例如，在太陽與月亮同宮的任何一天，也就是太陽與月亮合相的時候，你第二宮裡的月亮所帶來的不良財務影響將會減輕或消除。（對你而言很幸運的是，太陽和月亮每月合相一次。）同樣地，如果你能在未來找到一個時間，讓那天的木星與你本命盤裡的木星形成六分相或三分相，這樣也能克服你本命裡那顆土星的不良影響。

當然，如果你真的進到這個行業，你還有很多課要學。我省略了對許多事情的討論，像是各星座的守護星，以及「互容」（mutual reception）還有很多很多奧祕之處。但我相信，至少我已經讓你對個人擇時這個方法以及它如何運作這點，有了一定的了解。

瑪德琳．莫內就會採用個人擇時法。但她是把它和我們接下來要看的這方法合併使用，並且居於絕對的從屬地位。

企業占星術

在法律上，公司自身是為單一的獨立實體。它的存在獨立於那些管理它、或者為它工作的男男女女。占星術上的觀點也差不多。公司就像是你我一般的個人，出生在特定的時間和地點，因此也可以透過星盤來分析。

你繪製公司星盤的方式，和繪製自身星盤時一樣（參閱上一節），只是以其合併或創立的日期，來當成公司的生日。要查找該日期，可以和當地圖書館員索取一本工商名錄或公司史書籍。《湯瑪斯名錄》（*Thomas' Register*）是個選擇。標普公司（Standard & Poor's Corporation）也出版了好幾本。查好所有吸引你的公司之出生日期和出生地，你就算準備好了。

但有個難題隨即出現。公司跟人不一樣，不是從子宮裡生出來的，所以你很難、或者說不可能確定公司誕生的確切時間，也就使你難以或者無法判斷該公司的上升星座與第二宮的星座為何。這該怎麼辦呢？

至此出現了兩派想法。其中一派參與市場的占星師悶悶不樂地坦承，確實不可能精確知曉一家公司的誕生時間。因此這群人表示，那你乾脆就在星盤中忽略出生時間的計算。這樣一來，公司就不會有確定的上升星座與十二宮位。然而，就算不知道公司的誕生時間，你依然知道它的誕生日期，這就足以提供你許多資訊繼續下去了；雖然沒辦法如你想要的那般鉅細靡遺，但大概也足夠了。你還是會知道它的太陽在哪個星座，所有行星在哪裡；你還有很多像是六分相、補十二分相之類的東西需要思考，也許這些就能讓你的預測足夠準確。

以全錄公司的星盤為例，即使沒有公司的誕生時間資料，星盤中依舊預示著，美好的事情將在一九六二年十二月之後不久發生。事實證明，這個占卜結果再正確不過。任何在那個月買了全錄的人，他的錢會在五年內翻上十倍。

另一派的觀點認為，即使只能憑猜測或任一約定成俗的作法，你還是應該把誕生時間考量進來。這一派的部分成員認為，公司的完整生辰可定為公司成立或合併日期之當日上午九點，也就是正常上班日的開始時間。也有人說應該定在中午十二點。還有人說應該定在成立日期的隔天上午九點，因為要到這一天，才算是公司第一個完整營業日的開始。

比如賓州水果公司（Penn Fruit），採用這種隨意的時間系統（公司成立隔天的早上九點）來繪製星盤的話，可以發現它似乎將在一九六六年底起飛，一展鴻圖。它也確實一飛沖天，股價在一年半的時間裡漲了兩倍。

當你畫好了公司的星盤，後面的步驟就跟個人擇時法那套一樣了。你要找的是某個時間段，其星盤和公司本命盤相疊時，行星和星座間會出現漂亮的角度。

一般來說，你會像許多理性派的市場投機者一樣，從那些看起來總是一蹶不振、毫無起色的公司，或者已經蕭條許久的企業開始找起。它們的股價之所以低，正是因為沒人關注。而你的希望就在於發現一些這樣的公司，能在未來取得一場祕密的、鮮為人知的勝利。你趁著股價還低的時候買進，坐等榮耀到來的那天。

舉個例子，這樣的公司，可能以金牛座為上升星座，雙子座則位於財帛宮。古達維奇表示，上升金牛的人和公司，「他們年輕時，就因為財務上的不安全感而飽受困擾」。在他們往後的日子，財富會隨之而來，有時甚至非常突然。當一些有利的行星排列出現時，這種突然的獲利就會發生，而這也就是你（和瑪德琳．莫內一樣）所該尋找的。

正如在個人擇時法裡一樣，你要特別尋找太陽、金星、木星和天王星之間有利關係的排列組合。假設你發現了一家破爛小公司，其第二宮是雙子座，且月亮位於第二宮。嗯，不是一個很有希望的開始。假如星星們正常發揮，那這家公司打從創立之初就沒辦法走得太遠。總裁會把時間花在為董事長朗誦詩歌，而不是為股東賺錢。財務主管會頭戴鮮花，且痛恨金錢。他們的股票會在場外交易裡以每股三又四分之一美元的價格出售，甚至還不值這麼多。

你注意到了這家公司的星盤，並且可想而知地不太感興趣。你將它埋入記憶深處，然後繼續研究其他公司。接著，某一天，你碰巧繪製了未來幾個月某一時期的行星排列，一道鈴聲自你的記憶中響起。你想到，好像有家小公司的月亮落在雙子座……？

你把這小公司的星盤拿出來，和未來一個月的星盤相對照。你發現，那個月，木星會進入公司的第二宮，金星將與木星形成三分相，土星會暫時被太陽打趴在地上，天王星和火星都會在公司的太陽星座，而且……

如果真發生這種情況，那就該打電話給你的經紀商了。但在此之前，請先打給我。

整體市場預測

這是三種方法中最簡單的一種。它不涉及本命星盤，你只需要看看未來將出現的行星排列，從中推斷股市整體上是蓬勃向上，還是低迷蕭條。

威廉斯少校主要用的就是這種方法，且幾乎不用前兩種。他只有偶爾用到個人擇時法，但從來不使用企業占星術，一部分原因在於他覺得沒有太好的辦法能解決出生時間的問題。一旦他透過觀測行星解讀出市場的整體走向後，他就會轉而運用理性方法來挑選個股。

正如我們先前提到的，十一年來，威廉斯在股票上從未虧損。這個整體市場預測法，似乎還是值得研究。

這也是三種方法中最新的一種。傳統占星師往往會加以迴避，因為此法不涉及本命星盤，對傳統占星師來說也就缺了些什麼。只有威廉斯和其他少數人一直在研究這種方法，且進展緩慢。他們仍在研究中，並試圖讓這方法更加準確。特別是，他們覺得，自己對體型較小、公轉較快的內行星（水星、金星、火星與地球自身）的影響，還不夠了解。

如果這種方法吸引了你，那你無疑要從研讀威廉斯和其他先驅的作品開始。在你將這方法運用於自己的投機事業一段時間後，你可能會開始嘗試進行自己的全新改良。作為你繼續發展下去的基礎，以下是大衛．威廉斯迄今為止的一些主要結論：

一、當木星和天王星合相時（大約每十四年發生一次），美國的商業活動趨緩，股市崩盤。自一七六二年以來，這種慘淡的影響始終以一成不變的規律發生，只有兩次例外：一八三一年和一八七二年。這兩次合相所帶來的不幸影響，被與其他行星幸運的三分相和六分相給抵消了。截至一九七一年，最後一次木星與天王星的合相，發生在一九六九年初。這次毫無例外，沒有什麼三分相或六分相來援。正如威廉斯所預測的，以及幾乎每個市場參與者都會悲憤回想起的那樣，這次合相發揮了它該有的影響。市場徹底崩盤。

二、木星、土星合相，也不利於股票投資人。幸運的是，這兩顆巨大行星大約每二十年才會合一次。截至一九七一年，最近一次發生這種情況還是一九六一年的事。大衛・威廉斯和其他一些精明的投資人，在當年年底賣掉了所有股票。道瓊工業平均指數那年收在七百三十一點，並在隨後的九個月裡，下跌超過一百五十點。

（木星與土星合相還涉及另一種奇怪的相關性。自一八四二年以來，每一位在這種合相期間任職的美國總統，都在任內去世。）

三、當木星和天王星形成相距一百二十度角的三分相時，股市就會上漲。截至一九七一年，最近一次發生於一九六四年七月。從那年七月的八百四十點開始，道瓊指數開始對華爾街聖杯（也就是神奇且迄今難以企及的道瓊千點大關），發動首次衝擊。那次差點成功了，一九六五年底收盤時，道瓊指數為九百六十九・二六。隨後三分相不再，其他行星也運行到不利的位置，這波漲勢也就結束了。

四、木星與土星呈三分相，也是買進股票的訊號。截至一九七一年，最近一次發生在一九六七年二月。歷經一九六五年一路上漲至接近千點大關後，道瓊指數在一九六六年穩步下跌，一如威廉斯的預測。一九六六年年底收盤時，正值補十二分相的不利相位，道瓊指數收在讓人鬱悶的七百八十五・六九點。威廉斯在當年早些時候就將持股出清，並在那時開始把錢重新投入股市，因為他看見木星與土星的三分相即將到來。

接下來的如他們所說，一切都是歷史了。一九六七年初，道瓊指數開始第二次衝擊千點大關，當年最後的收盤數字為九百零五・一一點。接下來一年，也是美麗的、有三分相加持的一九六八年，我們距離千點大關如此之近，近到我們都能在夢裡看到那動人的「零」閃閃發光。

接著，木星與天王星的合相到來，每個人賺到的又都賠了回去。除了像大衛・威廉斯等少數人。

星象老師

上述所有深奧知識，也許並不完全符合你的認知，甚至全然不符合也說不定。但沒有關係，這些我都理解。我寫到這裡，也不是為了讓人們去相信它們，事實上連我自己也不信；儘管我得承認，我是沒有過往那麼懷疑。我試圖向你展示的，是何謂股市占星術，以及其使用者是怎麼運用它的。如果它的概念吸引了你，讓你覺得它好像有些道理，而理性市場技術又無法讓你滿意，那麼，這條路可能是你致富的全新途徑。

剩下的就取決於你自己了。我在此寫到的內容，只觸及占星術的基本要素。要想成為一名合格的觀星投機者，你還需要更多的學習。

如果你希望有人為你提供個人的占星術課程，請查詢當地的工商名冊或電話簿，你會發現那裡列出了各式各樣的占星師。有的會開班授課，有的則提供私人指導。

如果你更偏好函授課程，請寫信給美國占星師聯盟（American Federation of Astrologers）[26]，他們很樂意推薦這樣的課程。你會有各式各樣的選擇，從短期速成班到為期數年的學術長跑都有。

或者，你不想上課，也可以從幾本書裡獲取你需要的占星學知識。我大致翻了幾十本，有些老實講真的難以理解，而有些則過於簡化，以至於你幾乎或者根本找不到有用的股市指引。我翻到過最好的幾本是：

《自己畫星盤》（*Write Your Own Horoscope*），作者約瑟夫·F·古達維奇。新美國圖書館（New American Library）出版。約瑟夫有時會太過熱情，花費太多時間去爭論占星術的可信度，不斷用到像是「它已被證明」之類的短語，儘管事實並非如此。如果你能忽略這種令人惱火（但也許情有可原）的表現方式，那麼本書無疑是對初學者而言最清晰的占星術闡釋。他說的是人話，而不是占星行話，並包含逐步說明以及一些簡化的星曆表，協助你入門。

《占星術》（*Astrology*），作者羅納德·C·戴維森（Ronald C. Davison），弧線書業（Arc）出版。不像古達維奇的書寫得那麼清楚好讀，滿是令人生畏的占星行話段落。推薦先讀古達維奇那本，不然這本書只會弄得你暈頭轉向。之所以推薦這本書是因為，一旦你聽懂了戴維森的語言，開始理解他到底在胡說八道些什麼之後，你就相當於學成一堂價值不斐的初階觀星課程。本書中包含了其他大多數初學者書籍會省略的大量資料。

26 譯註：原文附有該組織之原始會址，6 Library Court, Washington, D.C.。該組織今已遷至亞利桑那州的坦佩（Tempe），可參考其官方網站：www.astrologers.com。

《天文經濟學》（*Astro-Economics*），作者大衛・威廉斯少校，鹿林出版公司（Llewellyn Publications）出版。以簡單易懂的語言（多數時候），闡述了整體市場預測法。內容包含威廉斯認為很重要的主要行星關係之相關圖表。

《星象解讀指南》（*The Guide to Horoscope Interpretation*），作者馬克・愛德蒙・瓊斯（Marc Edmund Jones），大衛麥凱出版公司（David McKay）出版。收錄對星座、行星和角度之意義的文章，不至於太過技術性。

有了以上這些，你在成為一名市場占星師的學習歷程上，就有了一個好的開始。也許幾年後，你就會很有錢了。誰知道呢？

總之，願你相位大吉。

第三課　塔羅牌

如果你想成為受塔羅指引的市場參與者，那第一步顯然是為自己買副塔羅牌。你可以花一美元不到，買副薄而易壞的牌組。然而，考慮到你的卡牌要能撐過很多次的洗牌，最好還是買一副品質精良、足夠結實的牌組。一副二．五至五美元的牌，就幾乎夠你用一輩子；而且，許多塔羅從業人員表示，這點非常重要。根據專家說法，一旦你習慣了某副牌且牌也習慣了你，那美麗的「共振」就會開啟。據信這些共振會影響卡牌，讓它們能始終對你吐露真相，對其他人則不然。你用這副卡牌的時間愈長，共振效果就愈好。許多塔羅大師都會敦促你，每次用完卡牌後，要用絲綢將它們精心包裹並鎖起來，永遠別讓任何人碰到它們。

你的牌組會由七十八張牌組成，並分成兩大類：

一、**大阿爾克納**（**Major Arcana**）：這是二十二張獨立圖卡，不隸屬於任何特定花色。其中一些會給你留下異常美麗的印象，有些則醜得驚人。每一張都有著獨特而荒誕離奇的外觀。

二、**小阿爾克納**（**Minor Arcana**）：分為四組花色，每組各十四張。這些花色大致對應我們今日所熟知一般撲克牌裡的四種花色（實際上也是它們的原型）。每組花色裡，都有編號二至十的牌，還有四張分別對應侍從、騎士、皇后、國王的圖卡（宮廷牌），以及一張A。（當然，現代撲克牌中，每組花色僅十三張，侍從和騎士被合併為傑克。）

小阿爾克納裡的四組花色，分別是：

權杖（Wands，或寫作 batons、scepters）。在大多數牌組裡，都被描繪成剛從活生生的樹上砍下來、還帶著綠葉的木棍。

錢幣（Pentacles，或寫作 coins、deniers）。通常被描繪成金色或黃色的圓盤，有時上頭會有五角星的裝飾。

聖杯（Cups，或寫作 coupes）。通常被描繪成裝飾華麗的聖餐杯（無柄高腳杯）。

寶劍（Swords，或寫作 épées）。

在使用塔羅牌時，有數十種不同的「牌陣」（spreads），或者說是布置塔羅牌用以占卜未來的方法，其中有些複雜到令人震驚。如果你想為某人占卜他「完整的一生」，並分析他的過去、現在和未來，那你大可把七十八張牌卡一次全部展開。我曾多次請塔羅大師們幫我個人做這樣的占卜，就是為了看看這種牌陣到底是什麼樣子，而這些卡牌能帶給我的資訊，總比我想知道的多更多，舉凡我祖母的出生地和宗教偏好之類的。我的祖母確實是位有趣的老太太，但也沒到卡牌說得那麼有趣。我有種感覺是，如果我讓塔羅大師們繼續喋喋不休，那他最終想必能說到像是指甲旁的肉刺（hangnail）之類的問題。

我還是更喜歡簡潔直接、切中要點的占卜方法，這也是我接下來要描述的類型。這款牌陣非常適合我們要用於股市的目的，它省略了有關祖母、肉刺和其他之類的無關資訊，旨在以一種相當直率的方式，一次回答一個市場問題。

你可以透過以下四個步驟來開始你的占卜：

一、**提問**。這個問題應該要簡短、具體、有時間限制，像是「全錄今年的前景如何？」或者「市場下個月會怎麼走？」一些塔羅大師說，你應該要把問題寫下來，並在占卜時將其放在視線可及之處。有些人則說這點沒有必要，真正重要的是你要在心裡牢牢地記住這個問題，彷彿它如在眼前，特別是在洗牌的時候。

二、**心靈洗牌**。專心在問題上，或大聲說出問題，用左手將面朝下的塔羅牌向左分成三疊。（為什麼要用左手這點，沒人能提出令我滿意的解釋。就只是個傳統。）將中間那一疊逆時針旋轉半圈。這會使部分大阿爾克納牌的方向上下顛倒，而這點的重要性很快就會顯現出來。接著，用左手將三疊牌向左疊起，拿起牌組並徹底洗牌，同時要把精神努力專注於問題上。複述一次這段過程：將牌分成三疊，旋轉中間那疊，重新疊起並洗牌。

三、**展開牌陣**。整副牌組維持牌面朝下，以從一數到九的方式開始算牌，每當數到第九張時就將其抽出，亮出牌面並按以下牌陣之數字順序擺放，共抽七張。

	1				4	
2		3		5		6
			7			

四、**解讀**。據稱，第一、二、三張牌，能告訴你當前或者不久的將來，他們稱之為華爾街的「短期前景」。第四、五、六張牌則講述了長期前景，以你在問題中設定的時間為限；如果卡牌認為有必要為你描繪出更完整的圖景，則可能會略為超出這個期限。

第七張牌講述了所有以上預測和提問者個人之間的關係。它可能是對其他六張牌所述內容的重申。舉個例子，它可能簡潔了當地表明，提問者將與許多投資人一起，從全錄這支股票上獲利。又或者，這第七張會是個警告，表明提問者可能因缺乏耐心而陷入輸得精光的危險之中，或者持有股票會為他帶來焦慮與衝突。

為了讓上述儀式發揮作用，現在你需要的，就是塔羅牌意義的辭典了。

「誰都不該用死板的公式來解讀卡牌，」榮恩．沃莫斯一再強調。「並不是要你像遵循食譜書裡的指引那般。這些卡牌的目的只是提取想法，幫助那些藏於腦海中的東西浮現出來。一部關於塔羅卡牌『意義』的辭典，可以幫助初學者入門，但他不應以僵化迂腐的方式抱著辭典不放。在研究每張牌以及各卡牌之間的關係時，他應該讓自己的思緒漫遊，讓這些印象一層又一層地堆積起來。」

或者，正如史都華．卡普蘭所說，「卡牌就是心靈的反映。如果你心裡頭一片空白，那卡牌呈現出的一切也毫無意義。」

在清楚了解大師們的這些警告後，接下來我將繼續為你提供一份入門辭典，一份展示每張卡牌基本涵義的清單。就跟占星師們一樣，塔羅牌占卜者聲稱，這些涵義是在古老智慧的基礎上（請原諒我這樣說明），歷經幾個世紀的試驗與觀察而得來的。

大阿爾克納

現代撲克牌的設計沒有正逆位之分，一張牌從桌子兩邊看起來基本一樣。但在塔羅牌裡，大阿爾克納就不是這樣設計的，其每張卡牌的牌面圖案，都有明確的上下之分。如果它在你的牌陣中是正立著的，代表了一種意思；如果它顛倒呈現，或者如塔羅大師所說的「逆位」，那又會是另一種意思（通常是相反涵義，但並非總是如此）。

顧名思義，大阿爾克納被認為比小阿爾克納來得重要很多很多。每當一張大阿爾克納出現在你的牌陣中時，還請將其視為向你揭示真相的關鍵或核心要素。如果這七張牌陣裡有三張以上的大阿爾克納，就要曉得你正在解讀的，是重大且深具重要性的未來事件，而這些事件將對你產生某些強烈的特殊影響。如果牌陣中不含大阿爾克納，那麼你正在解讀的，就是一些不那麼重大的事件，也許是市場上的小幅波動，沒什麼讓人興奮之處。

以下是各大阿爾克納及其基本意義：

愚者（The Fool）：牌面為一位衣著華麗的小丑站在懸崖邊。

正位：象徵魯莽。你所問到的公司，或整體股市，可能正走向危險的投機時期。若這張牌落在牌陣的第七位，就是在警告你有陷入過度投機的危險。

逆位：表示公司、整體市場參與者或你個人（位於第七位時），即將做出錯誤的選擇。應暫時遠離市場。（待在市場外可能本身就是個錯誤選擇，但至少它不會直接讓你賠錢。）

魔術師（The Magician）：一名巫師站在桌子後面，一手指向天空，一手指向大地。

正位：支配，掌控自身的命運。對於敢於使用神祕力量的公司主管或市場參與者，此時可運用該力量。預感會被證明是正確的。位於第七位時：你的神祕力量正清晰敏銳，可以放心使用它們。

逆位：軟弱，優柔寡斷。一段起起伏伏、賺不到什麼錢的時期，除非有其他作用影響。位於第七位時：在這支股票上或這市場狀況中，你不太可能走得太遠。新聞事件、個人問題或其他影響會讓你失去勇氣，無法在夠快的情況下做出堅決的決定。

女祭司（The High Priestess）：一身樸素的長袍女子。在有些塔羅牌中為站姿，有些則是坐姿。

正位：知識與智慧。公司或市場的表現明智合理，但這並不意味著必然賺錢。請參閱牌陣裡其他卡牌，來了解更全面的描述。位於第七位時：憑藉理性而非神祕方法來接觸市場。

逆位：警告人們太容易接受膚淺的知識、依賴於過少的事實。

皇后（The Empress）：身著華麗袍裝的女子，頭戴寶石王冠，端坐並手持權杖。

正位：成果豐碩，物質上的富有。除非牌陣裡出現愚者之類的警告牌，否則都代表即將獲利。公司、市場或你個人（第七位時）的上漲時期正在成形。

逆位：無所作為，未能把握本可帶來財富的機會。位於第七位時：焦慮或不幸，可能和你的家庭或一名女子有關，使你碰不上好事，或太早脫離軌道。

皇帝（The Emperor）：一名坐著的男子，戴著王冠，手持權杖。

正位：財富與世俗權力。對股市而言，實質上與皇后的意義相同。

逆位：不成熟、軟弱。由於不切實際的擔憂，使得熊市可能即將來臨。位於第七位時：警告你可能因種種幼稚情緒，比如貪婪、焦急或嫉妒其他投機者的成功，從而搞砸了在市場上的操作。

教皇（Jupiter）：一位身著教會服裝的坐姿男子。在某些塔羅牌裡寫作「聖職者」（Hierophant）。

正位：從眾、缺乏冒險精神。你正研究的公司將避免創新、賭博、未經嘗試的想法；這點可能好，也可能不好，取決於其他卡牌的內容。就整體市場而言，這張牌代表投機活動減少，對安全的藍籌股興趣增加。位於第七位時：警告你對其他卡牌的解讀，過於流於字面意思或例行化，又或者你面對市場時有同樣的傾向。你過於依賴既定的作法或陳腔濫調。

逆位：非傳統。同理，這可能有利，也可能不利，取決於其他卡牌的說法。這張牌意味著公司或市場不會按照大多數人的預期來行事。位於第七位時：這張牌在暗示你在當前情況下，可以透過非傳統的方式獲利，忽略那些普通專家的建議。

戀人（The Lovers）：站立的一男一女看著對方。在某些塔羅牌裡，會有一個臉帶諷刺微笑的老者注視著他們，或者是一個天使在天上神祕地觀察著這一幕。

正位：這張神祕、含糊、難以解釋的牌，通常意味著即將面臨一個艱難的抉擇，而且是要在兩個相反的吸引力之間做出選擇。它警示著抉擇時刻即將到來，但本身並不暗示結果。位於第七位時：不論在股市裡還是股市外，你可能會在資金的不同用途或需求間左右為難。

逆位：這張牌表示重要的考驗將會失敗，公司將輸掉一項重要的法院判決或勞資糾紛，又或者無法克服其他某些障礙。或者市場會突破不了某個「阻力位」，又或者會跌破所有專家都在關注的「支撐位」。位於第七位時：由於資金分配不當或者時機不對，讓你有了落入陷阱的危險。

戰車（The Chariot）：一名身穿盔甲的男子，乘坐在一輛由兩匹馬（某些牌組裡為人面獅身獸）拉動的戰車上。

正位：歷經一段時間的逆境後，在有控制自身情緒的情況下，即可取得巨大勝果的可能性。在回答個別公司的問題時，這張牌意味著該公司可能經歷一段艱難時期，期間可以便宜買進，隨後該支股票可能大幅上漲。在整體市場預測時，表示一段令人擔憂的時期，但如果大多數人能避免恐慌，接下來就會是看漲期。位於第七位時：只要保持冷靜，你就能處理得很好。

逆位：突然地挫敗，看似進展順利的事情驟然崩潰。這張卡牌在警告，當公司的股票開始迅速攀升，或者市場充滿樂觀情緒時，你就該退出了。位於第七位時：警告你早先的成功可能讓你過於貪婪或自信，導致你犯下災難性的大錯。

力量（Strength）：一名女子用手輕鬆地闔上獅子的嘴。在某些塔羅牌組裡則是男子，而且多出了點力。

正位：精神戰勝物質；人們用頭腦解決問題。這張牌預測，你所詢問的市場或公司將經歷險惡時期，而智慧將占優勢。這些問題（可能涉及世界局勢的外交爭端、戰爭威脅或其他會導致市場低迷的恐慌）將獲解決，但結果不盡然是市場的全然勝利。需要看其他卡牌來了解全貌。位於第七位時：在即將到來的某個令人擔憂的時期，建議你應該相信自己的智慧，足以解決你的投資問題。

逆位：缺乏共識，一段不穩定的時期將至，公司股票、整個市場或你自身的市場際遇（第七位時），可能出現快速的來回波動。

隱士（The Hermit）：一名戴著兜帽、修士模樣的人物提著燈籠，彷彿在尋找些什麼。

正位：對新知識或新態度的安靜發展。你所詢問的市場或公司，正處於「整合」階段。公司可能於此時期祕密發展一些新發明或創新作為，並將因此在以後獲得回報。位於第七位時：與你交談的某人，或者你讀到的某份東西，會帶給你關於該情況的寶貴提示。

逆位：時機不佳。可能是不夠謹慎、或者太過謹慎所導致。

命運之輪（The Wheel of Fortune）：一個輪子。在某些牌組裡，輪上會有占星符號。

正位：這張牌警告你，要預料到意外情況的發生。命運的一擊即將到來，這運氣來自某個無法預料的地方。如果相關人等能將自身置於有利位置，那就會是好運。其他卡牌可能會為這次運氣到來的性質提供線索。

逆位：預料之外的厄運。如果卡牌落到了第七位，請暫時自市場中抽身。

正義（Justice）：一名帶著王冠的女子，一手持劍，另一手持天秤。

正位：節制、鎮靜、平衡。對於市場、公司或是你（第七位時）而言，一段有些平淡但適度獲利且平靜的時期即將到來。一些華爾街的塔羅牌占卜師，會將這張牌解釋為建議你要更加分散持股，否則你可能無法享有前述的平靜。

逆位：劇烈的變化正在醞釀。戰爭或非法行為的威脅，可能嚴重打擊市場。你所問到的公司可能陷入痛苦的法律糾紛。位於第七位時：這張牌在警告你當心偏見與不理性。比如，也許是在建議你，冷靜檢查自己執著於某支股票的原因。

倒吊人（The Hanged Man）：男子的一處腳踝繫上了繩索，整個人被以頭朝下的方式倒吊起來。他臉上有著奇怪的平靜神情。

正位：一個短暫的停頓，暫且停下以思考過去的錯誤，隨之而來的會是新的開始，可能還有全新的整套思考方式。市場會停下、思考並轉向。你所問到的公司可能會重組、與另一家公司合併，或關停一些無利可圖的投資。位於第七位時：你將重新思考自己對市場或整體投資的一整套方法。

逆位：這張牌在警告你，其他卡牌的預測或者你對它們的解釋，有著無法挽回的錯誤。當倒吊人以逆位形式出現在你牌陣中的任何位置時，請放棄該次占卜，並在二十四小時後重試一次。

死亡（Death）：一副骷髏。在某些牌組裡它會騎著馬；另一些牌組裡則拿著鐮刀蹣跚遊蕩。

正位：破壞，不過並非必然帶來不好的結果。這張牌表示舊的東西即將消亡，也許以某種激烈的方式，來為某些新的、也許是更好的事物讓路。位於第七位時：可能意味著你將在某支股票上遭遇不愉快的經歷，致使你嫌惡地脫手並將資金投入到其他長期來看成果更好的地方。

逆位：缺乏活力、停滯。一段低迷時期，或者說暫時的死亡，即將到來。

節制（Temperance）：一位長著翅膀的天使將某種液體（塔羅大師們說是「生命的本質」），從一個甕（容器）裡倒入另一個甕（容器）裡。

正位：不同成分的成功組合、盈利多元化、和諧。與正義牌一樣，這張牌預示一段平靜且有利可圖的時期，特別是不同元素之間能夠合作無間。它可能在預言良好國際關係的美好時光（也許是冷戰解凍），市場將迎來攀升。就個別公司而言，它預測該公司將要參與合併或成功進入新的企業領域，又或者既有的集團部門彼此之間合作愉快。位於第七位時：你財務生活的所有要素，包括你的市場操作，都將步調一致，共同發揮作用。

逆位：分歧、不和諧、分裂的爭論、有害的競爭。位於第七位時：你的財務生活會出現某種衝突。個人事務可能迫使你不情願地從市場上撤資。

惡魔（The Devil）：一個頭生雙角的人形。有些牌組裡，會長著一雙山羊的腳；有的則長著一對鳥爪。

正位：這張牌暗示著一些不尋常（很可能令人不快且也許無法解釋）的事情即將發生，或許是某種神祕、玄妙的體驗。其意義與魔術師和女祭司所暗示的相反。無論是神祕力量還是理性智慧，都無法克服這張可怕卡牌所預示的事件。看來，你唯一的救贖就是退出市場。

逆位：某種休養生息的時段即將到來。疾病將開始痊癒。始終困擾著市場、你喜愛的公司或者你自身（在第七位時）的心理障礙，將開始臣服於理解。曾經看似無法逾越或克服的問題，會隨著新的、更加真實的視角而變得愈來愈小。

高塔（The Tower）：或稱「上帝之家」（House of God）。閃電擊中一座高塔，兩人從塔上墜落。

正位：這張牌警示著極端且突然的大災難，比如市場崩盤、嚴重財務困難，甚至破產。它表明，這令人悲傷絕望的事件，源自過多的貪婪和野心。市場、公司或你自身正因過度投機而走向衰敗。當你看到這張牌，代表它在警告你，應當對適度的獲利感到知足並且離場。

逆位：不良影響持續發生；受困陷阱中的整體狀態。無論市場出現什麼問題，公司或你個人的投機行為都會持續犯錯，且愈錯愈離譜。除非有其他卡牌表明陷阱將會破除，否則你最好暫停交易一段時間，直到情況有所改善。

星星（The Star）：星空之下，一名赤裸的女孩坐在湖邊。

正位：這張牌意味著希望。它表明，無論出現什麼問題，最終都會獲得改善。它在牌陣中的位置，可能表明這種狀況會於何時發生。不幸的是，這張牌並沒有任何實質上的承諾。一般來說，它的特別涵義在於心理上的提升。它會在不祥之兆出現時，安慰性地拍拍我們的背，說：「好吧，也許事情不會像看起來的那麼糟糕。」在大阿爾克納中，星星牌是唯一一張在實際應用中可以被忽略的卡牌。

逆位：警告你所有美好事物終有結束的時候。與正位的意義恰好相反。它建議要為艱難時期做好保險安排，也就是大多數謹慎投資人無論如何都會做的那樣。不過，這張牌並非預言會有厄運，正如其正位時也並不意味著就有好運一般。無論正位還是逆位，這張牌本質上都是關於樂觀主義或悲觀主義的陳腔濫調，那種神祕風格的空話。忽略它吧。

月亮（The Moon）：一彎新月懸於一幅荒誕的場景上。有的牌組裡是吠叫的狗群，有的則是一名男子和一隻狗。

正位：欺騙、詭計、謊言。這張牌暗示你所詢問的公司或整體市場，即將爆發某些重大醜聞，可能揭露出經紀商公司的欺詐行為，或者是投資大戶不老實的價格操縱。位於第七位時：某人出於私人目的，可能會向你提供錯誤的股市小道消息，或誘使你陷入其他的財務錯誤。這張牌在警告你，對於與你打交道的、或者你言聽計從的人，在這個時候，應當對他們的動機抱持悲觀或懷疑態度。

逆位：前方會有小挫折。會遭遇問題也會為之付出代價，不過代價不會很高，且問題最終會消失。

太陽（The Sun）：熾烈的太陽俯視著一個赤身裸體的孩子。在某些牌組裡則有一對男孩和女孩在讀著一本書。

正位：整體上令人滿足，但很可能不一定意味著物質上的財富。這張牌預示著市場、你喜愛的公司或者你自身對現狀感到滿意的一段時期。別將此視為市場成功的保證。這張牌指的可以是一個緩慢下行的市場，投資人本預期會出現更糟的情況，可如今卻感到高興和鬆了口氣。如果這張牌與某些意味著不祥之兆的牌同時出現在牌陣中，則代表不良的影響將以某種方式減輕。

逆位：延遲和不確定性。一段焦躁的等待即將到來。即將發生的事件不會如人們期望的那般迅速成熟，結果會在一段時間裡搖擺不定。取決於該結果的公司行動或市場操作不得不推遲。這張卡牌沒有說明結果是好是壞，要參照其他卡牌解讀。

審判（Judgement）：一位天使現身雲中，向一群赤裸男女吹響號角。

正位：一個猝然而能帶來根本變化的改變即將到來。這種改變在當時看來可能是痛苦且多餘的，然就長期結果來看卻是有益的。這張牌可能指的是市場上一次嚴重的「技術性調整」，遭人為誇大的股價被削減至更為合理的程度，為真正、平靜的牛市打下了堅實基礎。或者，這可能意味著你所問到的公司，會突然被一些新的、意想不到的競爭者給擊敗，結果該公司削減開支後，在未來反而更加強大。

逆位：與逆位的太陽牌意義基本相同。成果遭遇耽擱、延宕；是等待著陰雲密布的未來變得更加清晰的一段時期。然而，這張牌的基調通常比逆位太陽更悲觀。逆位的審判牌警告的是，期待已久的結果可能會令人失望。

世界（The World）：裸身女子身周環繞樹葉花環，其下有一頭公牛與一頭獅子。

正位：完整與完美的成功。早在幾世紀以前，這張牌的最初設計者從未聽說過「牛市」一詞，但令人欣喜的巧合是，這就是這張牌所代表的意義。如果它落在了第七位，那你就得到了塔羅牌對未來最樂觀的預測。即使其他所有卡牌都預示著厄運和災難，這張牌卻表示你能像個軟木塞一般安然漂過這場風暴。

逆位：這張牌警示著未完成、未能將事情進行到底。重大市場走勢將遭遇失敗。你喜愛的公司可能會在已開始的項目上中途退出。位於第七位時：這張牌顯示你沒有花上足夠時間來思考其他卡牌。你始終不願看見他們的完整意義。

小阿爾克納

在許多現代塔羅牌組中，小阿爾克納的五十六張牌，或多或少如現代撲克牌般可以上下顛倒，沒有足以讓人迅速察覺的正逆位之分。一些正統的塔羅大師，認為這是個錯誤。他們堅持，每一張牌都有一個正位的意思，以及一個逆位的意思。也就是說，不止大阿爾克納如此，連小阿爾克納本身也有著一百一十二種不同的意義。

如果你想對塔羅牌進行完整、正式的研究，那當然可以去思考所有這些牌面的意義。但即使是那些大師們也都承認，最好還是先以更適度的方式開始研究。在你確定自己能自在地使用這些卡牌之前（同時，在這些卡牌能讓你滿意地相信它們並非純粹的胡言亂語之前），建議你最好還是採用更加簡單的方式。先別單獨考慮每一張牌及其逆位的涵義，單純考慮那四種花色就好。

小阿爾克納的每組花色，都各有一套籠統涵義。每當你的牌陣中出現該花色的牌時，無論正位逆位，這些意思都適用。如果是低點數的牌（二最低），則其意義上就顯得較輕微、像隨意提起的感覺，所指的是些相對瑣碎的事件。如果是點數高的牌（A最高），則其意義的深刻程度，比大阿爾克納低一個檔次。如果出現兩張以上同花色的牌，則其意義的深刻程度，也被認為會依比例增加。一組花色裡的A與國王牌同時出現時，其代表意義的重要性，就相當於一張大阿爾克納。

以下是各組花色在股市方面的主要涵義：

錢幣是以金錢為代表的卡牌，因此在這方面上也最值得關注。它們表達的是在某種情況下，將會或者能夠賺上多少錢；而這情況取決於牌陣裡出現之大阿爾克納的警告、建議和預言。如果大阿爾克納似乎預測到了麻煩，但其旁邊出現了錢幣牌，那麼它們的綜合涵義，就是某人會從這糟糕的情況中賺到錢。如果你的整個牌陣看起來都悲觀黯淡，但在第七位出現了高點數的錢幣牌，那就意味著你個人能從這個情況中獲利。那很顯然是明確建議你賣出、賣空或者買進賣權。

寶劍通常預示著衝突與鬥爭。無論其他牌預言了什麼樣的結果，寶劍牌都意味著，在達到這些結果的過程中，會遭遇一定的困難。如果高點數的寶劍出現在了第七位，則是在暗示你，即使在其他各方看漲的情況下，你所能賺到的錢，可能也不值得你去經歷那些你必將遭遇的麻煩。

權杖象徵了塔羅大師們所謂的「進取精神」，指的是人類的意志與努力，是人們讓事情順利進行的決心。一般來說，權杖表示了某種情況在多大程度上是人力所及的。如果高點數的權杖出現在第七位，則表示無論情況看來多麼慘淡無望，你都有很大機會在不受傷害的情況下順利度過難關，甚至還能獲利。不過，權杖也是警告，你必須用上你的智慧與勇氣。

聖杯對股市投機者而言是最不重要的牌。聖杯通常涉及愛與幸福，都是值得擁有的美好事物，但超出了這講究極端實用的探究範圍。一般來說，聖杯在股市占卜的牌陣裡，涉及人們（或者在第七位時，則指你個人）對於所詢問狀況的整體情緒反應。高點數的聖杯象徵著幸福、面對災難時的寧靜沉著，以及面對牛市時平穩順當而非危險的投機反應。

「這一切聽來都神祕得恰到好處，甚至令人興奮，」我對塔羅大師說道；我在其座下學到了上述的一些深奧知識。「但你說說，我能要求占卜師把他自己的錢押在他的占卜結果上嗎？他應該會先用塔羅牌來實驗看看，對吧？就像彩排演練，不涉及錢的那種？」

「不是這樣的，」塔羅大師嚴肅地回答。「提問者必須對他向卡牌提出的問題深深投入感情。彩排演練是行不通的，那樣不會有心靈能量。」

「但是……」

「抱歉，但事情就是這樣。如果你把塔羅牌當成打發閒暇時間的玩物，那它就真的只是玩物。在你真的認真對待它之前，它也不會認真以對。」

這就是那位塔羅大師告訴我的話。華爾街女巫們對於自身的技藝，也對我說過大致相同的內容。乍看之下，這就像是一個新手無法闖入的封閉圓圈。在這門技藝發揮作用之前，你就必須要有信心；但在你看到它真的發揮作用之前，你也無法輕易培養出信心。

這是否是一種巧妙的逃避？一套推託之詞？一個事前精心準備的藉口，用來安撫那些其占卜結果都只是胡言亂語的人？

我不知道。在這神祕世界裡，一切都有可能，包括詐欺。但還沒完……

相關讀本

市面上有許多塔羅大師的著作，你可以從中了解更多資訊。其中兩本最清楚的，分別是：《有趣又能算命的塔羅牌》（*Tarot Cards for Fun and Fortune Telling*），作者史都華・R・卡普蘭。美國遊戲公司出版（U.S. Games Systems, Inc.）。卡普蘭以一種直截了當的方式，和最少的神祕胡言亂語，講述每項事物的涵義，比本書附錄更加詳細。

《塔羅揭祕》（*The Tarot Revealed*），作者伊登・格雷（Eden Gray），新美國圖書館出版。包含令人望而生畏的神祕學段落，但如果跳過這部分，你會發現許多有用的指引。本書進一步詳細介紹了卡片的涵義，並概述了幾種不同的牌陣。

第四課 巫術

如果你曾經向一名巫師尋求其奇特技藝的指引，他可能會首先指出，巫術在本質上是一種宗教信仰。他會著重強調這一點。對他而言，這會是你在試圖影響股市之前，所需掌握的重要基礎知識。

「這是一種推崇個體的宗教，」雷蒙・巴克蘭博士（第七章）如是說。「不同於基督教那般，坐在一座冰冷的大建築裡，聽著那些論善與惡的講座。巫術是以小組形式進行，小組裡的每位成員都積極參與。」從這意思上來看，幾世紀以來，許多人都認為巫術比起大多數主要的、有組織的信仰，都來得更具吸引力。這也就是為什麼，基督教領袖會特別把巫術視為競爭對手；也正因為如此，導致了成千上萬的女巫遭到絞刑、火刑、拷打或其他方式，被人虔誠地殺害。

「如今人們不再燒死女巫了，」薩珈說。「但人們依舊覺得巫術是不道德的、邪惡的或其他之類的東西。女巫仍然會遭遇其他方式的懲罰。假如我公開我的女巫活動，我就可能丟了工作。這也就是我們如此強調保密的原因，女巫們總是不得不祕密行事。」

引用一位名叫伊莉莎白的女巫的說法，巫術的另一巨大魅力，就在於其對物質世界樂天而坦率的接納。巫術的又一魅力，則是在於其沒有任何組織化的階級制度。沒有什麼女巫教皇，也沒有國際女巫委員會來制定規則，每個集會都可以走出自己的路，制定自己的儀式，發展出自己的一套方法。保羅．胡森在其著作《掌握巫術》（*Mastering Witchcraft*）中寫道：「我們幾乎可以說，有多少個女巫集會，就有多少種巫術信仰。」

當然，還是會有像雷蒙．巴克蘭博士這樣的巫師，嚴格遵守舊時的儀式。這些正統派的從業者，有時會指責其他人並非「貨真價實」的巫師。然而，正如胡森所指出的，幾乎不存在所謂真正的巫師。胡森說，所謂「正統」，也只是「最為傳統」的意思。基本上，如果你覺得自己是巫師，那你就是個巫師。你和其他巫師一樣「貨真價實」。

所有的現代巫師，包括像巴克蘭博士這般的正統派巫師，都會用集體心靈感應來解釋巫術的力量。「你採用什麼形式或儀式並不重要，」伊莉莎白說，「只要最終的結果，能讓每個人的意識都來到一種狂熱的階段，一種頭腦處於絕對沸騰的狀態。到那個時候，你的意識脈衝才會真正帶有力量。」

先前已經提過所謂的長頸鹿效應，也就是說，事件的發生源自各式各樣的原因。女巫的咒語也許是這些原因之一，也可能不是。不過，如果你認為巫術對於你身為一名市場參與者來說，具有某種意義，那麼以下就是供你入門的簡要指南。

影子書

根據我的消息來源聲稱，任何想成為股市巫師的人，都需要在四大方面做好準備：

一、**整體方法與態度**。大多數的巫師都會說，在態度上最重要的一個層面，就是讓你能認真地看待巫術；薩珈的說法是「暫時中止你對巫術本身的荒謬感」。

許多（也許是絕大多數）巫術儀式，在理智清晰的狀態下思考時，都是極其滑稽的。一群成年人赤身裸體，嚴肅地誦念著有些奇怪的打油詩，這無疑是我們所生活的這可笑時代之中，迄今為止最可笑的場面。「但很明顯，至少在你實際進行儀式的時候，你必須說服自己認真看待它。否則，你根本無法調動任何靈壓。」蓋兒．庫恩說。

你要如何達到這樣嚴肅的狀態呢？「主要在於對巫術的思考與閱讀，直到你開始認為其一切理所當然，」一位巫師如是說。「你可能只需要幾天，也可能需要幾年。把巫術儀式與基督教儀式相比較，這方法對我來說是有幫助的。對基督徒而言，基督教那一套看起來並不可笑，他一輩子都在做這些事。但當你仔細想想，你會發現基督教會的儀式，比如天主教的聖體聖事，其實和巫術一樣好笑，甚至還更可笑一些。」

每名新手巫師都必須找尋自己的認真之路。保羅．胡森和伊莉莎白都將這種態度稱為「信念」（faith）。伊莉莎白補充道：「然而我指的並非是盲目信仰，不是教會裡所教導的那種。女巫的那種信念，是來自有形的證據。就好像當你打開電燈開關時，你就相信燈泡會亮，因為以前總是如此。頭一回接觸巫術時，你很難直接就有這般信念，但隨著時間過去，它會建立起來。每當你看到魔法發揮作用，那股信念也逐漸成形。」

根據我的巫師線人宣稱，除了信念之外，在你面對巫術的整體情緒方法上，你還需要這些組成元素：

a. **想像力**：能在腦海中極其鮮明生動、非常清晰且形象化地描繪出事物的能力。比如，像是燃燒中的星辰之類的東西。「需要的只是練習，」蓋兒．庫恩說。「一陣子後，你就駕輕就熟了。你用不著使用任何藥物，也能夠給自己一種迷幻的體驗。」

b. **專注力**：將你所有心智力量聚焦在一個想法或物體上、並長時間保持這種專注的能力。同樣的，女巫們說這也是需要練習的。「你就獨自坐下，專注去想一個東西，想什麼都可以，不論是一個數字、一幅畫面，甚至是你大拇指的指甲，」薩珈建議道。「日復一日如此練習，假以時日你就能達到完全的專注。那片指甲變成了全世界，你完全不會注意到其他任何事物。」

c. **意志力**：讓事情成真的決心。馬克・雷蒙特（Mark Reymont）是一名巫師暨靈媒，他的練習方式是在紐約街頭遊走，透過意志力來讓人們轉頭。女巫們建議新手採取類似的練習方式。「讓某人做些像是搔搔鼻子之類的事，」伊莉莎白說，「你得想像出該行為的畫面。不要用文字或言語的方式去思考這個命令。相反地，是要想像這個人正在做你想讓他做的事。你必須用上想像力、專注力和意志力。對初學者來說，這是非常好的練習。」

二、組建集會。傳統的女巫集會有十三名成員，但如今已很少有巫師會堅持這個數字，幾乎任何數字都行。甚至，你也可以像蓋兒・庫恩一般當個獨立女巫，即使在這種情況下，你會缺乏被視為巫術力量主要來源的集結團體能量。普遍認為，十三是可控範圍內的最大數字；部分原因正如保羅・胡森指出的那樣，直徑九英尺（約二・七公尺）的圓圈也容不下更多人了。

對於集會成員的主要要求，就是彼此之間都能和睦相處。「別邀請那些自命不凡的人來當集會成員，」伊莉莎白說。「也別邀請枯燥乏味、缺乏想像力的人。你知道，就是那種總是懷疑自己是否出乖露醜的人。也不要邀請小丑，那種在其他人都試圖嚴肅時還會開玩笑的人。我認為最好的巫師，是那些會緊張焦慮的、愛追根究柢的那種人；是那些單純為了看看會發生些什麼，而想要嘗試新體驗的人。」

集會可以是單一性別的，但大多數巫師似乎認為男女混合的集會效果最好。（想必如此會有趣得多，就算魔法起不了作用。）兩性能幫助彼此充能，達到所需的情緒強度。

顯然，集會也沒必要非得裸體行事（或如巫師們的說法叫「以天為衣」〔skyclad〕）。巴克蘭博士認為裸體是有幫助的，因為「心靈力量來自性器官、腋窩、女性的乳房與其他衣服覆蓋住的身體部位」。與之相對，保羅・胡森對衣服是否會抑制心靈力量這點，表達了質疑。「如果那股力量能穿透牆壁，那自然也能穿透衣物。」

胡森建議，如果集會裡不想以天為衣，成員們可以選擇穿著某種統一服飾，比如白色長袍。大多數的巫師都說，無論如何，在集會施法時都應避免穿著日常便服。「你必須說服自己，已不再像白天是個單調乏味、想維持現狀的人，」蓋兒．庫恩說。選擇裸體或是巫師長袍，可以幫助你實現這個堅定信念。出於相同原因，每位集會成員也都應另取巫名，任何聽來古老神祕的名字都行。

集會需要有人負責引導以完成儀式和咒語。大多數集會都會基於此目的，透過委任或選舉方式，選出一位女祭司。為什麼要是女性？儘管我聽了許多關於這主題的深奧鬼話，諸如「大地母親」之類的，但依舊無人能給出令我滿意的解釋。我只能說這是傳統，是大多數集會依舊遵循的傳統。少數集會則會任命男祭司或「魔導師」（magisters）。此外，在大多數集會裡還會有一位擔任執行祕書的成員，負責更新影子書、提醒成員來參與集會等。有些任勞任怨的女祭司或魔導師也會身兼此職。

三、集會場所與設備。集會可以在任何大到足以容納直徑九英尺圓圈的黑暗房間裡舉行。許多集會都會輪流在成員家中舉行活動。有的集會還會保留一個固定的房間作為總部，如果條件許可，這也被視為是最具吸引力的安排，特別是房間主人還願意用些神祕風格的道具加以裝飾的話，像是黑色窗簾、巫術護符與香盤等等。

現代巫師坦承，這些裝飾品本身可能不具魔力，你收集的那些其他裝備也同樣沒有。這些古怪小玩意兒的主要目的，是幫助你營造出正確的氛圍。巴克蘭博士說：「除非你能忘記窗外的日常生活，否則你無法施展魔法。你必須讓自己跳脫時間與空間。」

你所需要的主要設備包括：

a. 一張鋪著黑色桌布的小桌子，也就是你的祭壇。

b. 一段白色晾衣繩或是帶子，長約三十英尺（約九・一四公尺），準確來說是二十八・二六英尺（約八・六一公尺），但這似乎不是那麼重要。將這條繩子放在地上，可以形成一個直徑約九英尺（約二・七公尺）的巫術圈。

c. 香，以及把香放入其中燃燒的金屬盤。你可以從附近的魔法材料商店買到，或者透過郵購取得。請參閱任一神祕學相關雜誌。

d. 放在祭壇上的兩個燭臺與兩根蠟燭。有的巫師偏好黑色蠟燭，有的則偏好白色。（白色的更方便取得，黑色的看起來則更神祕。）

e. 一本大筆記本，活頁的、線圈裝訂的或書冊裝訂形式的都可以。這會是你們集會的影子書，你們會在其中記錄你們的咒語、儀式，以及在市場上的成敗。有的集會會精心地重新裝訂並裝飾自己的影子書，還會用上那些看起來就很巫術風格的符號；有的集會則不在乎這些。不過，大多數集會還是至少會把筆記本的商標與品名「伍爾沃斯牌學校作文冊」（Woolworth's School Composition Book）給塗掉或貼掉。

正如占星術那樣，巫術也是你想要多複雜、就能多複雜。我稍後向你推薦的書籍，將會告訴你許多在你這項技藝裡能夠使用的其他華麗神祕道具，包括儀式刀和魔杖、魔力與其蒸餾物、墜飾與吊帶、特殊繪圖筆、魔法墨水與古代卷軸型用紙。許多集會相信，擁有這一系列有的沒的會有所幫助。不過，先從小規模開始，可能才是明智之舉。

四、設立儀式與咒語。現在剩下的，就是讓你的集會和設備開始工作了。也許你應該先讀過幾本相關書籍，看看哪些儀式和咒語對其他巫師而言是有用的。你可以隨意複製他們的儀式，並將之調整為適用於你特殊的市場參與目的，或者創造你自己的全新儀式。

「一個新成立的集會，」薩珈說，「通常會在最初幾次聚會上編寫咒語、組織儀式，並嘗試看看是否可行。在這些初期的聚會裡，很少會施展任何實際的魔法。成員們需要對彼此及儀式本身都感到自在。整個集會需要一起練習，直到大家學會如何讓團隊充能。」

某些規則幾乎是所有集會都有的典型規範。女祭司或魔導師會站在祭壇前，扮演領導者的角色。其他成員則會面朝內、站在直徑九英尺的圓圈內，除非特定儀式有其他的要求。

聚會通常會以一系列初步充能儀式開始，目的就跟足球隊的熱身練習一樣。這些儀式可能實質上具宗教性，比如倒念主禱文；也可能是間接或直接的性行為，比如親吻、儀式性地觸碰生殖器等等；又或者只是由一系列本質上毫無意義的行為和誦唸組成，諸如：點燃蠟燭與薰香、念一些打油詩、召喚集會的使魔、向月亮女神或其他巫術神祇祈禱。

當成員們都已適度充能，並且「魔力的靈光」似乎已瀰漫整個房間時，集會就準備好來進行嚴肅的魔法事務了。對你而言，施法的目標就是股市。

你會需要開發一套能吸引注意力的物品或視覺輔助工具，用以代表你想要影響的股票。芝加哥女巫集會所用的「星星」，就是個很不錯的方法。伊莉莎白的集會使用一塊經過隆重淨化且被施以神祕咒語的「魔法黑板」。按照伊莉莎白的說法，他們會將要影響的股票名稱寫到黑板上，成員們則盯著這些名稱，並試圖「將之烙印在月亮上」。神祕學講師暨歷史學家提摩西·格林·貝克利，研究了另一個集會，他們以相同方式施法，只是改用股份證書作為道具。他指出：「當然，這麼做的缺點在於，購買股票後，你得等上一週或更長時間才能取得證書。如果你想快進快出，那這套方法顯然是行不通的。」

有了你自己的視覺輔助（或者如巫師們通常說的「連結物」〔object link〕）之後，你還必須發展一套儀式與一組咒語（最好是押韻的詩句）來與之相配。如果你願意的話，可以直接複製芝加哥女巫集會的內容，或者自行編寫，可以從我在本節最後提到的任一本書裡隨意抄襲（只要你願意）。有的集會會在咒語裡填入各種古老的惡魔名號，像是塞努諾斯（Cernunnos）[27]或瓦沙克（Vassago）[28]；有的則直奔主題，透過押韻的方式，表達出「我們就是想要大賺一筆」。

27 譯註：凱爾特神話中的神祇，其名意為「有角者」，呈現鹿首人身的形象。一般認為其掌管狩獵、生育、動植物與荒野等，甚至有支配冥界的力量。

28 譯註：源自知名神祕學典籍《所羅門的小鑰匙》（*The Lesser Key of Solomon*），在所羅門七十二柱魔神中位列第三，據稱是一位強大的惡魔親王，通曉過去現在未來之事。

你怎麼做並不重要，只要魔法能夠生效就好。如果頭幾次都沒有發揮作用，請諮詢其他巫師，繼續嘗試。你可以稍微改變儀式、擴增或重寫咒語。也可以延長或加強一開始的暖身階段，讓集會更有效地充能。又或者把那些在你試圖集中注意力時，還在一旁嚼著口香糖、發出嘖嘖聲的成員給開除掉。

「如果魔法不起作用，」伊莉莎白平淡地說，「那就代表你做錯了。」

也許吧。但用SEC的不朽名言來說，就是「不應假設……」

無數艱深課程背後的巫術

正如醫學、新聞寫作、水電、表演等……幾乎其他任何行業或專業那樣，巫術其實並不像那些老牌從業者所要大家相信的那般難學。人類的典型特徵，就是假裝他們掌握的任何技能，都是極其困難且深奧的。當然，這種吹噓就是為了給吹噓者自己臉上貼金。每當你聽到這樣的吹噓時，你總是能假定吹噓者單純就是在胡說八道，永遠不用當真，對方肯定是在對你撒謊。

我即將提到的一些書籍，也將會以這種「喔這是多麼困難」的吹噓來向你闡述；然而，他們不會在這方面過分強調或糾纏太久。以我一貫的熱心，真有那樣的書我也就不會列出來了。不過，你偶爾還是會發現，自己在某個談論漫長艱鉅之學徒期的段落讀得很卡，又或者疲憊不堪地花上幾週鑽研那古老、裡頭還住著蜘蛛的大部頭。跳過這些部分，它們就只是一般的空話，新手巫師也沒必要去和一隻蜘蛛混個臉熟。

在我讀過的巫術書籍之中，以下幾本，是讓我印象深刻、且在以參與市場為目的時最有幫助的：

《掌握巫術》（*Mastering Witchcraft*），作者保羅·胡森。普特南（Putnam）出版。在他暖好身後，胡森就是一位和藹、直率的老師。開頭前幾分鐘全是些神祕學的鬼扯淡（「諾斯底派的言外之意……拿瑪（Naamah）的卡巴拉傳統……」），但過了一會兒，這位善良的年輕巫師便說回人話了。他會告訴你如何裝備自己、組建集會、組織儀式。這是一本循序漸進的指南，一本完整的巫術手冊，也是我迄今為止所涉略到最清楚的入門讀物。

《祕術的理論與實踐》（*Magick in Theory and Practice*），作者阿萊斯特·克勞利（Aleister Crowley）。卡斯特書業（Castel Books）出版。克勞利是二十世紀初期著名的英國巫師，有著「歐洲最邪惡的人」之稱，而且他也對此洋洋自得。他喜愛性與金錢，他的集會也以同樣的熱情在追求這兩樣東西。這本書在理論與實踐兩部分的份量相當，解釋了一些相當進階與複雜的咒語。可將之作為胡森那本書的補充。你可以跳過書中克勞利談及理論的部分，因為它們幾乎難以理解。如果你確實能夠解讀它們，你會發現，它們絕大多數都是所謂古老智慧那一套的東西。

《黑魔法》（*The Black Arts*），作者李察．卡文迪許（Richard Cavendish）。普特南出版。針對各類巫術的總體討論。這本書就像一張古怪城鎮的地圖，能幫助你確定自己的方向。它能為你提供一個基礎，讓你在此基礎之上繼續創作自己的咒語和儀式。

《一名女巫的日記》（*Diary of a Witch*），作者西碧兒．里克（Sybil Leek）。新美國圖書館出版。一本輕鬆好讀的自傳，傳主是一位現居美國、和藹可親的愛爾蘭女巫。她有時顯得很虔誠，但從不會閃爍其詞。我推薦這本書，它能幫助你達到巫師們所說的認真狀態，停止那種嘻嘻哈哈的態度，這對巫師們來說是非常重要的。對於西碧兒．里克而言，巫術就和在街上散步一樣自然。當你放下這本書，你會覺得，也許這些儀式也沒那麼荒誕嘛。

如果你想要尋求個人指導，那就只好去神祕學主題書店或是一些神祕的酒吧（試試那些名字裡帶有「寶瓶座」的）看看，直到你遇上一名巫師。與占星師不同，巫師們不會在電話簿上刊廣告，那就更別說雜誌封底了。他們從本質到行規都是要求保密的。

無論如何，那些成功者都並不特別想收學生。他們聲稱自己知道更快的賺錢方法。

alchemist 001

玄學華爾街

投資圈的不敗神話，是倖存者偏差，還是未被拆穿的騙局？

Wall Street and Witchcraft: An investigation into extreme and unusual investment techniques

作　　者　馬克思・岡瑟
譯　　者　邱恆安
總 編 輯　曹慧
副總編輯　邱昌昊
責任編輯　邱昌昊
封面設計　Bert.design
內文設計　Pluto Design
行銷企畫　黃馨慧

出　　版　奇光出版／遠足文化事業股份有限公司
E-MAIL：lumieres@bookrep.com.tw
粉絲團：facebook.com/lumierespublishing
發　　行　遠足文化事業股份有限公司（讀書共和國出版集團）
www.bookrep.com.tw
231 新北市新店區民權路 108-2 號 9 樓
電話：（02）2218-1417
郵撥帳號：19504465　戶名：遠足文化事業股份有限公司
法律顧問　華洋法律事務所　蘇文生律師
印　　製　通南彩色印刷股份有限公司
定　　價　380 元
初版一刷　2025 年 1 月
I S B N　978-626-7221-89-1　書號：1LAL0001
978-626-7221-88-4（EPUB）
978-626-7221-87-7（PDF）

WALL STREET AND WITCHCRAFT: AN INVESTIGATION INTO EXTREME AND UNUSUAL INVESTMENT TECHNIQUES by MAX GUNTHER

國家圖書館出版品預行編目資料

玄學華爾街：投資圈的不敗神話，是倖存者偏差，還是未被拆穿的騙局？／馬克思・岡瑟（Max Gunther）作；邱恆安譯．-- 初版．-- 新北市：奇光出版，遠足文化事業股份有限公司，2025.01
面；　公分．-- (alchemist；1)
譯自：Wall Street and witchcraft : an investigation into extreme and unusual investment techniques
ISBN 978-626-7221-89-1（平裝）
1.CST：股票投資 2.CST：投資技術 3.CST：玄學
563.53　　113017319

線上讀者回函